曾達聰著

文史哲學集成

南曲譜法——音調與字調

文史哲出版社印行

國家圖書館出版品預行編目資料

南曲譜法：音調與字調 / 曾達聰著. -- 初版.
-- 臺北市：文史哲，民 85
面；　公分. --（文史哲學集成；373)
參考書目：面
ISBN 957-549-039-8 (平裝)

1. 中國戲曲 - 曲譜

915.1　　85010887

文史哲學集成 ③⑦③

南曲譜法—音調與字調

著　者：曾　達　聰
出版者：文 史 哲 出 版 社
登記證字號：行政院新聞局局版臺業字五三三七號
發行人：彭　正　雄
發行所：文 史 哲 出 版 社
印刷者：文 史 哲 出 版 社
台北市羅斯福路一段七十二巷四號
郵撥〇五一二八八一二彭正雄帳戶
電話：三 五 一 一 〇 二 八

實價新台幣 二二〇元

中華民國八十五年十月初版

ISBN 959-547-039-8

南曲譜法——音調與字調　目次

序篇

中國字一字一音，配給這個字的唱腔，完全屬於這個字的字音，故不論一個字的字音或唱腔，均可作爲一個完整的單位。

本書所根據的字和腔，均取自一部半宮譜。

所謂一部半宮譜者，是指王季烈和劉富樑合撰的一部《集成曲譜》（以下簡稱《王譜》）；和清葉堂訂的《納書楹曲譜》（以下簡稱《葉譜》）。《葉譜》僅取其〈正集〉四卷，〈續集〉四卷，〈外集〉二卷；另〈補遺〉四卷和〈玉茗堂四夢〉六卷，均未與焉；故曰半部。

《王譜》和《葉譜》都是經過精心訂製的好宮譜。

《王譜》取其南曲三〇七齣，南北合套四二齣；《葉譜》取其南曲一六〇齣，南北合套一八齣：其中互見於二譜者凡一三三齣，互見者字雖相同，而譜或有異，故總數仍可算是五二七齣。

字

根據這五二七齣戲的歌詞，逐字製成小卡片，計實板曲五八九八三字，散板曲八九七九字，襯字八一四一字；總計七六一〇三字。

南曲的字調較北曲複雜：北曲分陰平、陽平、上聲和去聲等四聲；南曲分平、上、去、入四聲，每聲再各分陰陽，計陰平、陽平、陰上、陽上、陰去、陽去、陰入和陽入等八聲。

字在句中，因位置之不同，可發生四種關係，姑名之曰連、間、末、斷。

這四種關係與譜法及板式都有密切的關聯，茲舉《長生殿》〈聞鈴〉〈武陵花〉末句「冷雨斜風撲面迎」爲例，予以說明：

一、連：凡文氣緊相連接的二字，其關係姑稱之爲「連」，句中「冷雨」、「斜風」、「撲面」等皆是。

二、間：凡文氣間頓的二字，姑稱之爲「間」，句中「雨斜」、「風撲」、「面迎」等皆是。

三、末：句末二字的關係姑稱爲「末」，復有「連末」與「間末」之分，句中「面迎」是「間」，也是「末」，這種「末」便是「間末」。他如文氣緊接的句末二字，便是「連末」。

四斷：前一句的末字與後一句的首字，便構成「斷」這種關係，「冷雨」句的前句末字為「經」字，「經冷」便是「斷」。

四種關係之中，最密切的是「連」；其次是「末」。「連末」的密切關係不亞於「連」，而「間末」則如同「間」，關係便疏遠了；「斷」則疏遠到幾乎斷絕。

關係密切處，譜法的限制便嚴；疏遠處，限制便可從寬；「斷」則放寬到幾乎沒有限制。

腔

以一個字為單位，則這個字配的工尺，即為這個字的唱腔。這些腔可分為單腔與複腔兩種：單腔只有一個工尺，無可再分；複腔有兩個或兩個以上的工尺，於是再分為升、降、峯、谷、倒、摺、疊、擻、頓、豁等十種。

雖然一個字可作為一個單位，而歌詞卻由許多個單位連綴而成，於是前一字唱腔的末一個工尺，與後一字唱腔的頭一個工尺，其間發生五種關聯，這五種關聯就是同音、上行、上跳、下行和下跳。

數

小卡片都凡七六一〇三卡，每卡二字，各附唱腔。這些卡先依實板曲、散板曲、襯字等分成三大類；各大類又依前字的腔分成十一類；每類腔又依前字的字調分成八聲；然後依後字的字調再分，於是八八得六十四種：就這樣得出一些數字來，由這些數字中獲得一些譜法的規律。

笛色

崑腔的笛色凡七，曰：正宮調、六字調、凡字調、小工調、尺字調、上字調、乙字調。

北曲只用其六，不用乙字調；南曲也只用其六，不用上字調，惟《祝髮記》〈渡江〉折用尺或上調；《十五貫》〈見都〉折〈尾犯序〉亦然。

南曲乙字調也極少用，僅見於《王譜》《琵琶記》〈喫糠〉折〈孝順兒〉四支，以及《浣紗記》〈採蓮〉折〈古歌〉二支而已，他未見也。

笛子翻調，乃從小工調出發，以小二調的什麼字作工，便是什麼調，像凡字調，便是用小工調的凡字作工，尺字調，便是用小工調的尺字作工。

笛色雖然有七，笛子卻只有一根，憑一根笛子，硬要翻出七個調來，可想而知，半音全被攪亂了，乍聽之下，會覺得怪怪的，聽久了，反而非此怪怪的不可！

音階

崑腔：北曲用七聲音階；南曲用五聲音階，把「一」和「凡」去掉了。

中國七聲爲「合四一上尺工凡」，「一」、「凡」爲半音，就因爲半音關係，以致在譯換西樂七聲上發生爭執。據童斐《中樂尋源》，是以「合」換「1」，認爲「工凡」之間爲全音；但現代俗樂，是以「工凡」之間爲半音，故皆以「上」換「1」，尤其南曲，不用「一」、「凡」，以「上」換「1」，未始不可，今姑從之！

第一章　正字——實板曲

第一節　字　調

中國字的字音，各有其調，這就是「字調」，亦即字音音值的高低，和字音進行的形式——調形。

楊蔭瀏《語言與音樂》中，曾說語言學家把字音的高低分爲「低」、「半低」、「中」、「半高」和「高」五級，由低至高用五條線表示五級，則北曲的四種字調—陰平、陽平、上、去的高低關係是陰平、陽平、去、上，見上表一：

南曲的字調，不止四種，是平、上、去、入各分陰陽，共有八種，它們的高低關係是陰平、陰去、陰上、陽去、陽上、陽平；至於陰入和陽入，則視同陰平和陽平處理，因爲入聲拖長了，即成平聲，所以陰入聲依陰平聲處理，陽入聲依陽平聲處理。它們的高低關係如下表二：

表一

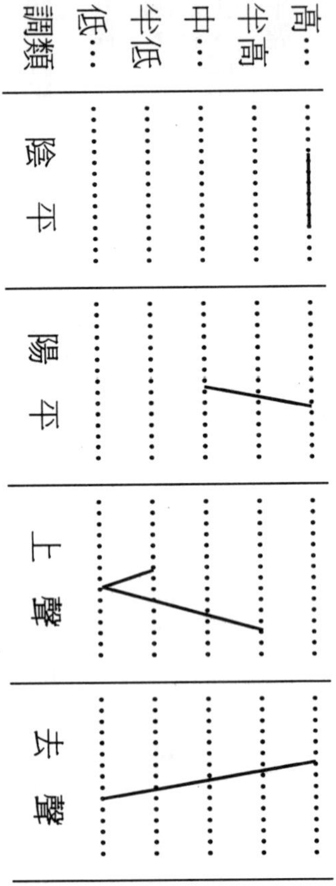

表二

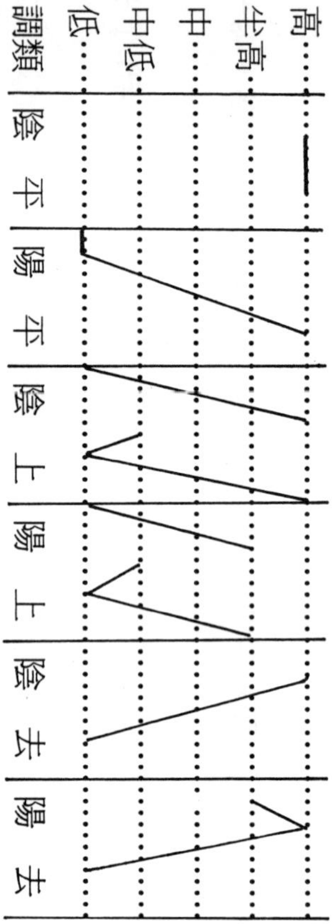

由上兩表，可知字調各有不同，也知調形各有差別，所以明魏良輔《曲律》中說：

五音以四聲爲主，四聲不得其宜，則五音慶矣。

他是絕對主張音樂必須與字調配合。這一主張，也是中國三百多劇種中所共同遵守的信條，就是盡量不要有「倒字」。

然而清徐大椿《樂府傳聲》中說：

> 南曲唱法以和順爲主，出聲拖腔之後不必四聲鑿鑿，故可稍爲假借。

他認爲「不必四聲鑿鑿」，可以「稍爲假借」，這就沒有魏良輔那麼嚴格了。

字調與音樂的配合過嚴，失之刻板，還是徐大椿的主張比較鬆動些，鬆動歸鬆動，但不可鬆動忒甚，而成爲缺陷。楊蔭瀏在《語言與音樂》中說：

> 我以爲，爲了使作品更有價值，更有效果，對於字調，還是適當予以注意好些；不夠注意，未免總是一種缺陷。

楊蔭瀏的話，現今西樂作曲家當奉爲圭臬！

茲就南曲字調，逐條略加說明：

一、**平聲**：唐釋處忠《元和韻譜》說：

> 平聲哀而安。

明釋眞空《玉鑰匙歌訣》說：

> 平聲平道莫低昂。

這都說明了平聲是得「平」之旨。

不論南曲北曲，平聲都分陰陽，但陽平的高低次序，南曲北曲卻有不同，南曲陽平的揚程，要比北曲大得多，已見上表一和表二。

㈠陰平：明沈寵綏《度曲須知》說：

陰平字面，必須直唱。

直唱便能得其平。

清徐大椿《樂府傳聲》說：

四聲之中，平聲最長，……故長者，平聲之本象也。

平聲既長，而又要「平」，便非直唱不可了。

㈡陽平：明沈寵綏《度曲須知》說：唱陰平字「若字端低出而轉聲唱高，便肖陽平字面。」

換言之，唱陽平字必須「字端低出而轉聲唱高」，才是在唱陽平，看表二的陽平調形，便明白了。

二、**上聲**：清李漁《笠翁劇論》說：

平、上、去、入四聲，惟上聲一音最別：用之詞曲，較他音獨低；用之賓白，又較他音獨高。

北曲如此，南曲也如此，國劇亦復如此。不僅詞曲、賓白的上聲高低有別，調形也有不同（見表二）：南曲上聲字，一般是「低後上升」，這是一種調形；但也有「起處略高，轉低後再上升，」這是另一種調形，與北曲相同，與南方語言之上聲偏高者，反而不合。

南方語言之上聲偏高，因而南曲以及國劇中，也有上聲高出者。

唐釋處忠《元和韻譜》說：

上聲厲而舉。

明釋眞空《玉鑰匙歌訣》說：

上聲高呼猛烈強。

中國各地方言的上聲字，無不厲舉高呼，獨北平音系的上聲字則否，與崑腔詞曲的上聲字一樣，獨低。

北曲中的上聲字不分陰陽，南曲的上聲字初亦不分陰陽，明王驥德《曲律》及范善臻《中州全韻》中，平、去、入都分陰陽，單單上聲沒有，至清周昂重訂《中州全韻》及沈乘麐《韻學驪珠》，上聲始分陰陽，分雖分了，在譜法上，卻無大別。

三、**去聲**：唐釋處忠《元和韻譜》說：

去聲清而遠。

明釋眞空《玉鑰匙歌訣》說：

去聲分明哀怨道。

去有送音，故清而遠，乃由高而低。

北曲中，去聲不分陰陽，至明王驥德《曲律》及范善臻《中州全韻》中，去聲分出陰陽來了。

(一)陰去：北方音中，只有陰去，並無陽去，所有陽去聲，皆讀作陰去聲。陰去聲高而遠，在表二中，陰去聲從高出發，由高而低，而遠送。

(二)陽去：陽去聲存在於南方音中，起音較陰去聲略低，轉高後，再下降，是爲「豁」。

（見表二）

四、入聲：唐釋處忠《元和韻譜》說：

入聲短而促。

明釋眞空《玉鑰匙歌訣》說：

入聲短促急收藏。

可見入聲是短促的，一吐即要收藏，故曰「入」。

入聲在明時已分陰陽。在北曲中，入無正音，分派在平、上、去三聲中，陰入聲分入陰上、陽入聲分入陽平和陽去，但北無陽去音，所以分入陽去聲的，都成了陰去聲。南曲中，入有正音，但一吐即收，不可拖長，拖長即成平聲，揭高即成去聲，放低即成上聲，是以入可代平、代上、代去。

在譜法上，陰入依陰平處理，陽入依陽平處理。

第二節　腔的分類

中國字一字一音，一字的腔，便專爲這一字的音而設，所以，腔必以一個字爲單位。字的腔有長有短，也就是工尺有多有少：最少的只有一個工尺，這種腔，姑名之曰「單腔」；工尺在兩個以上的，姑名之曰「複腔」。

曲辭中，字與詞的聯綴，成爲文句。唱腔中，單腔，猶字也，複腔，猶詞也，單腔和複腔的聯綴，便成樂句。它隨著文句的頓挫而頓挫，隨著文句的斷句而斷句。

南曲的腔，只分這單腔和複腔兩類：單腔無可再分；複腔卻又分爲「升腔」、「降腔」、「峯腔」、「谷腔」、「倒腔」、「摺腔」、「疊腔」、「擻腔」、「頓腔」和「豁腔」。

北曲腔類中，有簇腔一類，因與諸腔重覆，茲依其開頭三個工尺是什麼腔，便分派給什麼腔去。

諸腔之名，除「疊」、「擻」、「頓」、「豁」爲原有者外，其餘都是在下杜撰的。

一、單　腔

顧名思義，便知這種腔確是孤家寡人，只有一個工尺。音域爲小工調的尺到伬。本書所錄，凡一八二六六字。

二、複　腔

單腔既是只含一個音，音的本身，只有己無彼，彼此間的關係去得一乾二淨。複腔則至少含有二個音，有己有彼，彼己之間，產生了「相等」和「高低」的關係：「相等」是指同度的同音，八度的同音不與焉；「高低」是指順級的上行或下行，和越級的上跳或下跳。複腔中諸腔，都有「高低」的關係存在，而疊腔更多了「相等」的關係，否則，便無由稱之爲「疊」了。茲將各腔分述於下：

(一)升　腔

首音最低，依次逐音上升，故名「升腔」。

升腔之音，可順級上行，也可越級上跳。

1.順級升腔：音域自上到仜。至少二音，多則可至九音。二音如「上尺」、「工六」是；九音如「四上尺工尺上四上四」是。

2.越級升腔：音域自上到⿰亻六。跳進的度數，自三度至八度都有。至少二音，至多十一音。二音如「尺六」、「上仩」是；十一音如「四上尺上工尺上四上四合」是。

㈡降　腔

首音最高，依次逐音下降，故名「降腔」。

降腔之音，可順級下行，也可越級下跳。

1.順級降腔：音域自尺至⿰亻六。至少二音，多則可至十音。二音如「尺上」、「仜伬」是；十音如「六工尺上尺上尺上四合」是。

2.越級降腔：音域自合至伬。下跳的度數，一般都是三度，很少有大跳出現。至少二音，多則可至十音。二音如「仩六」是；十音如「六工尺上尺四上四合工」是。

㈢峯　腔

前後兩音同度，中間音較前後音爲高，如峯之起，故名「峯腔」。

峯腔中間音大都比前後音高一度，如「上尺上」，「工六工」是；但也有高三度者，如

「五伬五」是，很少用。

峯腔的音域，自尺到伬。至少三音，如「合四合」是；多則可至十一音，如「工六工尺上尺四上四合工」是。

㈣谷　腔

谷腔與峯腔大同小異，異在中間音較前後音低一度。北曲的谷腔，中間音可低三度或四度；南曲則僅低一度而已。由於中間音較前後音爲低，如谷之陷，故名「谷腔」。

谷腔的音域，自合至伬。至少三音，如「上四上」、「工尺工」是；多則可至十音，如「合工合四合四合工尺上」是。

㈤倒　腔

倒腔是把三音降腔的三音移作首音，把腔倒了過來，故名「倒腔」。

倒腔中必有二音是越級進行的，如「工尺上」，是三音順級降腔，把三音移作首音，便成「上工尺」，「上工」便是一個小跳。如果一個含有小跳的三音越級降腔，如「六尺上」，把三音移作首音，便成「上六尺」，「上六」便是一個大跳。

倒腔也可視爲三音升腔的「摺腔」。

倒腔的音域自工至伬。最少三音，如「尺六工」是；多則可至十音，如「六仩五六工尺上尺上四」是。

(六)摺　腔

摺腔是把三音降腔的三音摺到首音與次音之間，故名「摺腔」。爲由三音順級降腔摺成的摺腔，便含有一個小跳，如「工尺上」之摺成「工上尺」，「工上」便是小跳。

摺腔在南北曲中不常用，北曲有九十九字，南曲僅四字，計「尺四上」一個，「六尺工」三個，沒有用越級降腔摺出來的摺腔。

(七)疊　腔

疊腔必含同度的同音，至少二音，如「上、」是；至多四音，如「六、、、」是。如與他腔接合，則可多至十二音，如「六工六五、、、六五仩五六」是。

(八)擻　腔

「〰」是擻腔的符號，代表擻腔，就是將三個疊音的首音與二音之間，加進一個高一度的音，如上〰，即代表上尺上上是。

擻腔的音域是由合至仩。

單腔、升腔、降腔、峯腔、谷腔、倒腔，均可加擻。

(九)頓　腔

頓腔是上聲的專用腔，平聲、去聲都不能用，惟入聲以入代上時，可用頓腔。

頓腔的「頓」，不像擻腔或豁腔那樣用符號來表示，而是用實音，這實音便是頓腔的第二音，它比首音低一至數度；但第三音必比首音高。如「六工五」，第二音「工」比首音「六」低一度，第三音「五」比首音「六」高一度，這便是頓腔的固定格局，第二音「工」，便是頓音。

由於第二音比首音低，而第三音又比首音高，致第二音第三音之間，必定成爲越級的跳進，所以頓腔都是越級進行的。

頓腔的音域是由尺至仕。

(十)豁　腔

豁的符號是「ˇ」，加於腔的首音的右下角，代表高於首音與次音的一個音，音時占首音的四分之一。如「上ˇ」，便代表「上尺」，如果「上」是一拍，加豁後，「上」是一拍的四分之三音時，「尺」是一拍的四分之一音時。又如「上ˇ尺」，便代表「上工尺」，因爲豁是高於首音與次音的一個音，「工」便高於「上」和「尺」。

任何腔都可以加上一個豁的符號「ˇ」，有了這個符號，便搖身一變而成爲豁腔，一個屬於去聲的專用腔。

由於豁音高於腔的首音和次音，便成越級的跳進，惟有單腔加「∨」，都是順級進行。

第三節　腔的構成

南曲用五聲音階——「合、四、上、尺、工」，與它的高低同音。由於不用「一」和「凡」，所以只有「四上」，沒有「一上」，只有「工六」，沒有「工凡」，因此，「四上」和「工六」算是增二度，而且算是順級進行，並非越級跳進。「四上」和「工六」，在七聲音階中，應該算是小三度。

南曲的系列音，只有「合、四、上、尺、工」五個音和它的高低同音。腔的首音，只要是五音中的一個，便可依樣葫蘆排出五個同型的腔。由於沒有「一」和「凡」，便沒有什麼限制，可以自由排列，旋律也可自由進行，不是順級進行，便是越級跳進，沒有北曲那麼多的考慮了。

王季烈《螾廬曲談》〈論譜曲〉云：

「學譜曲者，亦非先譜南曲，不能譜北曲。」

可見南曲腔的構成，要比北曲簡易多了。

第四節　腔與四聲陰陽

世界各國文字字音，與音樂發生關聯的，只是聲和韻，出聲和收韻一拼湊，便唱出字音來了。中國文字字音，除了聲和韻之外，還多了一樣—「字調」。所謂「字調」，即是四聲陰陽，表現字音的「高低揚抑」。這「高低揚抑」，恰又是音樂的重要因素。要把中國文字的歌詞被之管絃，曲和詞的「高低揚抑」，非得好好的配合不可。南曲便是如此，決不讓它有倒字發生。

南曲的腔和四聲陰陽的關係，以四聲較為深密，陰陽較為淺淡。四聲之所以各分陰陽，因為平聲有陰陽之分，於是以陰平為首的一個系列，自然有陰上、陰去和陰入；同樣地，以陽平為首的一個系列，也自然有陽上、陽去和陽入。

吳梅《顧曲麈談》說：

「大抵陰聲宜先高後低，陽聲宜先低後高，無論南北諸曲，皆如是也。」

這就是說明了陰聲是抑—先高後低，陽聲宜揚—先低後高。但陰陽終不如四聲深密，如上聲的調形是上揚的，即使是陰上，仍然上揚，並不因有陰而下抑。

以下就四聲各分陰陽而詳言之：

一、**陰平**：陰平凡一三四五二字，所配的腔，以那一類腔爲多，那一類腔爲少？見表三。

表三：陰平字

腔類	字數
單腔	5744
升腔	2229
降腔	1413
峯腔	3410
谷腔	76
倒腔	3
摺腔	
疊腔	405
擻腔	100
頓腔	
豁腔	72

陰平聲

由表三，得知陰平聲所配各腔的數字，其中以單腔爲最多，峯腔居次，升腔居三，降腔居四，依次爲疊腔、擻腔、谷腔、豁腔，而以倒腔居末，僅三字。

陰平是平聲加上陰聲，其特性兼具了平聲的平和陰聲的抑——出聲平而收音抑。腔與陰陽的關聯原較四聲爲弱，是以陰平聲仍以平爲主，收音是否下抑，便居其次了，所以陰平聲所配的腔，以單腔爲最宜，一三四五二陰平字中，配單腔者凡五七四四字，占四二・七%。

陰平既出聲平而收音抑，何以配降腔的僅一四一三字，占一〇・五%？這就是以平爲主，以抑爲次的配腔，沒有重視陰聲的下抑。

升腔居三，凡二二二九字，較降腔多八〇六字。陰平聲以抑爲次則可，今配升腔，不抑反揚，似乎不合。其實陰平聲配升腔是有原因的：

㈠回原位：上字陰平配升腔，則下字腔的首音當與上字腔的首音同音，回到原位。依西樂而言，這是同音之間加了一個裝飾音而已。南曲中很喜歡這樣配腔，二二二九個配升腔的陰平字中，回原位者占四八・一九%。

㈡下字升：下字升高，易成大跳，不夠柔和，故用升腔，以塡空隙，使成爲上行，以柔順腔的進行，占三九・七八%。

㈢下字降：下字應降，但不要降得太驟，故先用升腔之升，以減少下字降的程度，占九・八九%。

㈣錯誤：譜曲者不愼誤譜，占二・一一%。

峯腔居次，是由於峯腔次音高於首音與三音一度，等於升腔的回原位，配陰平聲字十分相宜，故其數高居次位。

疊腔四〇五字，擻腔一〇〇字，其所以加疊加擻，都是爲了陰平聲拖得太長，嫌過於平淡，故加疊或擻，以成跌宕之致，不致過於平淡。

谷腔的次音低於首音，得先平後抑之旨，似甚宜配陰平；但三音又回到首音同度，尾音上揚，大與陰平不合，故少用之。

豁腔是去聲的專用腔，其所以用於陰平字，是標明此陰平字應唱作去聲，故用豁號標出。

倒腔本身即爲跳進，絕不宜於陰平，此處三字，當係誤譜。

二、陽平：陽平凡一四九三四字，所配各腔的多寡，見表四。

表四：陽平字

腔類	字數
單腔	3894
升腔	8256
降腔	501
峯腔	1534
谷腔	10
倒腔	443
摺腔	
疊腔	211
擻腔	50
頓腔	2
豁腔	33

陽平聲

由表四，得知陽平聲所配的腔，以升腔居首，單腔居次，峯腔居三、降腔居四，依次爲倒腔、疊腔、擻腔、豁腔，而以頓腔居末，僅二字。

陽平聲是平聲加上了陽聲，由於其本身調形是上揚的，所以乃以揚爲主，在一四九三四字中，配升腔者凡八二五六字，占五五．二九％。

單腔居次，凡三八九四字，占二六．○七％。由於單腔是適合於任何四聲陰陽的腔，故在陽平字中，僅次於升腔，而高於其他各腔。

峯腔的次音高於首音，有上揚之勢，宜於陽平。

降腔本不宜於配上揚的陽平字，而此處竟有五〇一字，占三·三%，這也是有原因的：

㈠回原位：即次字腔的首音與上字腔的首音同度。次字應升，怕升得太高，用降腔回原位，便高不到那裡去了。在降腔五〇一字中，回原位的有四五〇字，占九〇%。

㈡下字降：下字應降，於上字陽平用降腔，便不致降得太急了。不過，這用得不多，僅占六%。

㈢錯誤：譜者誤譜，所占不多，僅四%。

倒腔的首音與次音構成上跳，宜於陽平的揚，有四四三字。

疊腔與擻腔具有增加跌宕的功能，故共得二六一字。豁腔之所以用於陽平，與陰平用豁一樣，是標明此陽平字當讀作陽去聲。

谷腔次音低於首音，有如頓腔一般，自不宜於陽平。

三、陰上：陰上凡五五一八字，所配各腔的多寡，見表五。

由表五，得知陰上聲所配的腔，以升腔爲最多，單腔次之，降腔居三，依次爲谷腔、峯腔、頓腔、疊腔、擻腔、倒腔。豁腔僅二字，顯系誤譜。

表五：陰上字

腔類	字數
單腔	1182
升腔	2243
降腔	1058
峯腔	247
谷腔	415
倒腔	43
摺腔	
疊腔	86
擻腔	51
頓腔	191
豁腔	2

陰上聲

陰上聲是以四聲爲主，陰陽爲輔，雖有陰抑，但仍上揚，所以在五五一八字中，配升腔者凡二二四三字，占四〇・六%。

單腔居次，凡一一八二字，占二一%。由於單腔適於任一四聲陰陽，故其數居次。

降腔配陰上者凡一〇五八字，占一九%。陰上是上揚的特性，本不宜於配降腔，但降腔次音低於首音，可唱成頓音，頓音是上聲的專利，故降腔配陰上之數居三。

谷腔的次音低於首音，也可唱成頓音，故亦宜於陰上。

峯腔次音高於首音，合於陰上的揚。

頓腔是上聲的專用腔，以配陰上，不待言而可。

疊、擻二腔，乃以增加跌宕之勢，四聲皆宜。

倒腔雖是上揚，但跳得急了點，故用得不多。

豁腔二字，誤譜無疑。

四、陽上：陽上凡三一七四字，所配各腔的多寡，見表六。

表六：陽上字

腔　類	字　數
單　腔	699
升　腔	1321
降　腔	571
峯　腔	126
谷　腔	241
倒　腔	24
摺　腔	
疊　腔	42
擻　腔	22
頓　腔	124
豁　腔	4

陽上聲

由表六，得知陽上聲所配各腔的多寡次序，與陰上幾乎一樣。在陰上，擻腔數略高於倒腔數；在陽上，倒腔數略高於擻腔數：此僅幾個字的多少，無關緊要也。可見上聲雖分陰陽，在譜法上實無大分別，陰上陽上幾乎完全相同。

五、陰去：陰去凡五八七八字，所配各腔的多寡，見表七。

表七：陰去字

腔　類	字　數
單　腔	1661
升　腔	238
降　腔	2982
峯　腔	97
谷　腔	69
倒　腔	8
摺　腔	3
疊　腔	74
擻　腔	36
頓　腔	3
豁　腔	707

陰去聲

由表七，得知陰去聲所配各腔的多寡次序：以降腔居首、單腔次之，豁腔居三，升腔居四，依次為峯腔、疊腔、谷腔、擻腔、倒腔。摺腔和頓腔居末，各僅三字，顯係誤譜。陰去聲調形先高後低，所謂「去有送音」，一送千里，故以降腔為最宜，在五八七八陰去字中，配降腔者凡二九八二字，占五〇・七%。

單腔適於任一四聲陰陽，陰平和陰入所配單腔數，均居首位，其餘各聲均居次位，陰去自不例外。

豁腔是去聲專用腔，居三，固所宜也。

升腔居四，凡二三八字，在陰去字中占四・〇五%。陰去聲既宜於降腔，何以又有這許多配升腔的字？這是由於升腔近於豁腔，故可通融配用。

峯腔也近於豁，但不多用，僅占一・六%而已。

疊腔與擻腔宜於任一四聲，此處用得不多。

谷腔有如降腔，可配，但不多用。

倒腔與陰去聲不合，宜於陽去，此處僅八字。

六、陽去：陽去凡七八九〇字，所配各腔的多寡，見表八。

表八：陽去字

腔　類	字　數
單　腔	1638
升　腔	1097
降　腔	1427
峯　腔	591
谷　腔	58
倒　腔	1892
摺　腔	1
疊　腔	70
擻　腔	46
頓　腔	5
豁　腔	1065

陽去聲

由表八，得知陽去聲所配各腔的多寡次序：以倒腔居首，單腔次之，降腔居三，升腔居四，依次爲豁腔、峯腔、疊腔、谷腔、擻腔，頓腔。摺腔居末，僅一字。這摺腔非南曲所喜，除陽去聲一現之外，陰去聲配有三字，其他各聲都匿而不見。

陽去聲的調形，是升高後再下降，與倒腔的上跳而後下降十分相合，所以陽去聲倒腔用得特別多，在七八九〇字中，配倒腔者凡一八九二字，占二四%。

單腔居次，除陰平、陰入二聲外，各聲都是如此。

降腔居三，降腔合去聲的送音，配去聲是天經地義，尤以陰去爲宜。

升腔居四，升腔與豁腔相似，故居四。

豁腔是去聲的專用腔，尤其宜於陽去，故居五。

峯腔類似豁腔，故居六。

谷腔有如降腔，可配去聲，但不多用。

疊、攤二腔，各聲均可用。

頓腔五字，係誤譜。去聲的一些字，原本上聲，用頓腔以還其本來。

七、陰入：陰入凡四九九六字，所配各腔的多寡，見表九。

表九：陰入字

腔類	字數
單腔	2401
升腔	989
降腔	244
峯腔	1221
谷腔	16
倒腔	1
摺腔	
疊腔	75
攤腔	26
頓腔	2
豁腔	21

陰入聲

由表九，得知陰入聲所配各腔的多寡次序：以單腔居首，峯腔次之，升腔居三，降腔居四，依次爲疊腔、攤控、豁腔、谷腔。而以倒腔居末，僅一字，顯係誤譜。

以表九與表三相較，其所配各腔的多寡次序，幾乎完全相同，可見陰入聲字配腔處理，與陰平聲一樣。蓋入聲拖長，即成平聲，所以入聲的配腔處理，完全依照平聲，陰入聲依照陰平聲，陽入聲依照陽平聲。

八、陽入：陽入凡三一四一字，所配各腔的多寡，見表十。

表十：陽入字

腔類	字數
單腔	1048
升腔	1635
降腔	131
峯腔	204
谷腔	7
倒腔	61
摺腔	
疊腔	32
擻腔	16
頓腔	1
豁腔	6

陽入聲

由表十，得知陽入聲所配各腔的多寡次序，以升腔居首，單腔次之，峯腔居三，降腔居四，依次爲倒腔、疊腔、擻腔、谷腔、豁腔。

以表十與表四相較，其所配各腔的多寡次序，幾乎完全相同，可見陽入聲字的配腔處理，與陽平聲一樣。

第五節　腔的聯絡

一、前人之言

(一)明沈寵綏《度曲須知》〈絃律存亡〉云：

欲以作者之平仄陰陽，叶彈者之抑揚高下，則高徵須配去聲字眼，平亦間用，至上聲固枘鑿不投者也。低徵宜配上聲字眼，平亦間用，至去聲又枘鑿不投者也。且平聲中仍有涇渭，陽平則徵必微低乃叶，陰平則徵必微高乃應。倘陰陽奸用，則陽唱陰而陰唱陽；上去錯排，必去肖上而上肖去：以故作者歌者，兢之共稟三尺，而口必應手，詞必諧絃。

沈寵綏的話，說明字調當與音調相協；爲了音調與字調的相協，因而產生前後字腔關聯的依據。

㈡王季烈《螾廬曲談》〈卷二〉云：

凡平聲字相連之處，其宮譜不宜驟高驟低，蓋平聲字之音節，以和平爲主，雖有陰陽之區別，其腔之高低相差，亦不過一級而止。若去聲字之腔，則不妨驟然揭高；上聲字之腔，則往往驟然落下。去聲驟高之處，如上與六或五，合與上或尺，其音雖隔數級，而連用之仍能諧協，若四與工，則連用之處絕少，而尺與五，尤不能相連，故曲譜中絕不見之。上聲驟低之處，如六與尺或上，尺與四或合，上與合或工，皆可連絡。

王季烈的話，說出前後字腔的聯絡與字調的關係，以及四至六度的佳良大跳。

㈢楊蔭瀏〈中國音樂史綱〉云：

1. 一字配一音時，本字無音調之進行，祇有前後字相對之音調關係。

2.一字配多音，注意前字末音與後字首音間相對之高低關係。

3.重拍長音處應注意，輕拍急過之襯字，可略隨便。

4.前句末字，可與後句首字，脫離高低關係。

5.兩字相連有下列各種關係：

陰平與陰平相連：同度。　高低一二度。

陰平與陽平相連：略低或同度。

陰平與上聲相連：略低或大低。

陰平與去聲相連：略高或大高。　崑腔陽去首音，高低或同度均可。

陽平與陰平相連：同度。　略高或上跳。

陽平與陽平相連：同度。　略高或上跳。

陽平與上聲相連：略低或大低。

陽平與去聲相連：略高或大高。　崑腔陽去首音，高低或同度均可。

上聲與陰平相連：隨前字上聲腔上行或上跳。

上聲與陽平相連：隨前字上聲腔上行或上跳。

上聲與上聲相連：隨前字上聲腔上行或上跳。　下降後重新上行。

上聲與去聲相連：略高或大高。　反前字上聲腔方向而下行。　崑腔陽去聲首音高低均可。

去聲與陰平相連：隨前字去聲腔下行或下跳。

去聲與陽平相連：隨前字去聲腔下行或下跳。

去聲與上聲相連：反前字去聲腔方向而上行。

去聲與去聲相連：隨前字去聲腔下行或下跳。　上行後重新下行。　崑腔陽去聲後之去聲，有時上跳。

楊蔭瀏的話，既詳實，又科學，可惜的是，他指的是北曲，沒有入聲。

二、前後字腔的關聯

崑腔北曲的字調，分陰平、陽平、上和去等四聲，二字相連，便有四四十六種不同效果的變化發生在前後字腔之間，也就是前字腔的末音與後字腔的首音之間的變化。南曲字調，四聲各分陰陽，共有八聲，二字相連，便有八八六十四種不同效果的變化。這些變化，形成了「同音」、「上行」、「上跳」、「下行」和「下跳」等五種關聯，「上行」和「上跳」合稱爲「升」，「下行」和「下跳」合稱爲「降」。

表十一至表七十四，便是南曲二字相連所得的六十四種變化，表內列出各腔的各種關聯數字，憑這些數字去決定字腔間的「同音」、「升」或「降」。

句字中以連的關係最爲密切，音律也最嚴謹，故這些數字以連爲主，以末爲從，間與斷是律中寬處，一概不計。

「升」的數字與「降」的數字之比，暫定爲百分之十，這沒有什麼理由，當然也可以定爲百分之廿，不過，百分之十比百分之廿嚴謹些罷了。

如果「降」的數字（指連的數字）沒有超過「升」的數字的百分之十，便認爲後字的關聯爲「升」；反是，則爲「降」。

㈠陰平與陰平相連：表十一

陰平與陰平相連，是兩個字調相等的字連在一起，字調的高低相同，所以用同音的很多，在三〇四五陰平與陰平相連的字中，後字與前字用同音的，竟有九五九個，占百分之三一．五。又連的後字上升者僅二十四個，而下降者有六七六個，可見陰平與陰平相連，後字宜用同音，或下降，不宜上升。

表十一

字數關聯	＼腔	單	升	降	峯	谷	倒	摺	疊	擻	頓	豁
同	連	625		2	8							
	間	159		1					3			
	末	73	2	1	18					2		
音	斷	52		1					9			
上	連	14		3	4				3			
	間	77	46	22	39	5			6	1		
	末	8	2	13	22				4			4
行	斷	23		9	23	2			2	1		1
上	連											
	間	33	3	5					1			
	末											
跳	斷	35	1	3	26					1		
下	連	45	285	11	260				10	11		
	間	80	46	60	132	2			10	4		
	末	29	112	21	295	1			5	7		6
行	斷	45	2	4	14				8	2		
下	連	2	49	1	2							
	間	17	35	2	2				3			
	末		6									
跳	斷	14	1	3					1			

㈡陰平與陽平相連：表十二

陰平與陽平相連，雖然兩字都是平聲，但有陰陽之別，字調不甚相同，因而後字用同音的就少了，在三一九九個字中，用同音的僅一五〇個，占百分之四・七。又連的上升字數僅三，而下降字數卻有一三五八個，可見陰平與陽平相連，後字陽平宜下降，不宜上升，同音亦不宜多用。

㈢陰平與陰上相連：表十三

陰平與陰上相連，雖然兩字都是陰聲，但一個要平，一個要揚，調形大不相同，因而後字用同音的不多，在一〇三一字中，用同音的凡六十三字，占百分之六・一。又連的上升字數僅五，而後字下降字數凡二〇九字，可見陰平與陰上相連，後字陰上宜下降，在唱詞中的上聲字都要低出，這與北曲相同，絕不宜上升，同音亦不宜。

㈣陰平與陽上相連：表十四

陰平與陽上相連，陰平在前，陽上在後，則陽在陰後，上在平後，陽上就很難上升了。連的總數凡一二四，其中上升的爲零，全部一二四個都是下降。可見陰平與陽上相連，後字只宜下降，決不可上升。不過，同音的卻有四五字，在全部五六九字中，占了百分之八，這是因爲同音雖非下降，但也不是上升，何況同音的連數僅五。可見陰平與陽上相連，後字只宜下降，決不可上升；同音亦非所宜。

表十二

關聯	字數＼腔	單	升	降	峯	谷	倒	摺	疊	擻	頓	豁
同音	連	19	1	2	2							
	間	34	1	9	15	1	1		4			
	末	4	4	2	18							4
	斷	14	2		7	1				1		4
上行	連			1								
	間	21	5	20	11		1					
	末	4		3	9							
	斷	14		2	8							1
上跳	連			2								
	間	5	1		2							
	末											
	斷	11	1		13							
下行	連	684	22	91	451				44			
	間	192	4	156	131				14	9		3
	末	118	14	198	389	1			67	4		
	斷	35		12	10	1			10			
下跳	連	15	28	3	15				5			
	間	54	20	15	11	1			2	1		1
	末	1	5		13							
	斷	46	1	5	11				1			

表十三

字數 關聯	腔	單	升	降	峯	谷	倒	摺	疊	擻	頓	豁
同	連	7										
	間	22	1	2	1							
	末											
音	斷	13	1	3	12							1
上	連	3		1			1					
	間	20	1	9	7				2			
	末	2		2								2
行	斷	4		3	3	1			1			2
上	連											
	間	11	1	4	1							
	末			1	2							
跳	斷	10		1	2							
下	連	74	1	20	69				10			
	間	87	1	73	33				7	3		
	末	31	4	118	122				24			7
行	斷	25	1	8	9	2			7			
下	連	19		1	13	2						
	間	31	6	4	8				2			
	末	3	1	4	2							
跳	斷	24	1	4	9				1			

表十四

字數／關聯＼腔		單	升	降	峯	谷	倒	摺	疊	擻	頓	豁
同音	連	5			7							
	間	17		1	3	1			2			
	末				1							
	斷	6		2								
上行	連											
	間	13		4								
	末				2							
	斷	7	1									2
上跳	連											
	間	9		2								
	末											
	斷	3		1								
下行	連	51	3	12	44				4			
	間	51		51	21				7	7		
	末	19		44	51				15			1
	斷	12			8				2	1		2
下跳	連	6	1		12				1			
	間	26	1	7	4							
	末	2		2	2							
	斷	4			6							

㈤陰平與陰去相連：表十五

陰平與陰去相連，兩字都是陰聲。由表二得知：陰平出聲高，而得其平；陰去也出聲高，而收音至低：兩者都是出聲高，故可用同音。陰平與陰去相連，用同音的凡七十三字，約占其全部一八八二字的百分之四，百分比雖不高，但就調形而言，用同音是合適的。又去聲是曲中發聲處，大都高揭，這是去聲的高音性，而去聲另有低音性，因而陰平後的陰去聲，可以上升，不止上升，還可以上跳，也可以下降。連的總數四一九字，其中升數三六〇字，降數五九字，升數高出降數數倍，可見陰平後的陰去聲，不止宜於上行，更宜於上跳。

㈥陰平與陽去相連：表十六

陰平與陽去相連，這陽去聲是北曲所無；在南曲中，陽去聲卻很是特別。陽去聲在任一字聲之後，可以用同音，也可以上升，也可以下降。表十六中，用同音的凡三四七字，占二一六二字中的百分之十六，百分比比陰平與陰去相連的同音比大多了，可見陰平後的陽去，宜用同音。又連的總數四八四字中，上升的凡三〇三字，下降的凡一八一字，可見陰平後的陽去聲，可以升，也可以降。

表十五

字數關聯 \ 腔		單	升	降	峯	谷	倒	摺	疊	擻	頓	豁
同	連	26										
	間	20										
	末	6							1			
音	斷	19		1								
上	連	188	133	1	4				3	1		1
	間	90	124	14	14	4			5	4		
	末	229	243	14	94	21			13	4		
行	斷	22	3	1	4	1			4			
上	連	6	19		4							
	間	32	45	12	29	1			4			
	末	8	18		34	1			1			4
跳	斷	41	1	10	27	1						
下	連	8	36		14							
	間	18	16	5	3					1		
	末	7	72	1	35	1			3			7
行	斷	5	1	3	5							
下	連		1									
	間	4	7		1							
	末		12									
跳	斷	4			1				1			

表十六

腔 字數 關聯		單	升	降	峯	谷	倒	摺	疊	擻	頓	豁
同	連	77	13		2				1	1		
	間	85	13	9	17							
	末	66	15	3	17	2			1			1
音	斷	20		1	2					1		
上	連	255	36	1	8							
	間	141	48	12	14				2			
	末	169	104	6	89	3			8			
行	斷	24	1	3	16				3			
上	連	2	1									
	間	31	2	3	12					1		
	末	1	5	3	13							
跳	斷	30		5	21	4			2			
下	連	31	111	3	25				2	3		
	間	52	48	25	25				6	5		1
	末	27	174	14	52	8			8	3		11
行	斷	17	2	9	10							
下	連		3		2							
	間	17	8	3	3							
	末	5	9		2							
跳	斷	9			1							

㈦陰平與陰入相連：表十七

南曲中的入聲，一概當作平聲處理。陰平與陰入相連，陰入聲都當作陰平處理。陰平與陰平相連的同音字凡九五九字，占三〇四五字中的百分之三二；陰平與陰入相連的同音字凡二九一字，占九四三字中的百分之三一：二者幾乎相等。又陰平與陰入相連的連的升數四，降數一二七；這和陰平與陰平相連的連的升數二四，降數六七六：又是一樣。可見陰平後的陰入，只宜下降，不宜上升，同音則可。

㈧陰平與陽入相連：表十八

這也一樣，陽入當作陽平處理。陰平與陽入相連，同音凡三四字，占六二一字中的百分之五·五；陰平與陽平相連，同音一五〇字，占一三五八字中的百分之十一，爲陰平與陽入相連的同音比之倍，這表示陽平用同音，較陽入用同音爲宜。陰平與陽入相連，在連的總數一九〇字中，升數僅二，餘一八八字都下降；好像陰平後的陽平，升數僅三，降數爲一三五八。可見陰平與陽入相連，可以同音，更宜下降，不宜上升。

表十七

關聯＼字數＼腔		單	升	降	峯	谷	倒	摺	疊	擻	頓	豁
同音	連	122			2				1			
	間	113	1		8					1		
	末	13			8	1			1			
	斷	17		1	1				1			
上行	連	4										
	間	28	11	18	11	3			3	2		
	末	3	3	5	7				1	3		1
	斷	9		2	2				2			
上跳	連											
	間	19	1	2	7							
	末											
	斷	13			14							
下行	連	23	57		36							
	間	25	33		42				4	2		
	末	17	52		67				1	1		1
	斷	17			2				1			
下跳	連	4	1									
	間	19	4		2				1	1		
	末	2	2									
	斷	5			1				1			

表十八

關聯 \ 字數 \ 腔		單	升	降	峯	谷	倒	摺	疊	擻	頓	豁
同	連	4										
	間	9		2	2				2			
	末	2			1							
音	斷	7			4	1						
上	連	1	1									
	間	3	1	7	6							
	末	1	1		5							
行	斷	6	2		5							
上	連											
	間	1										
	末											
跳	斷	9										
下	連	109	3	12	52				2			
	間	63		43	21				8	5		
	末	22	4	28	63	1			9	1		
行	斷	7	10	3	4	2			2	3		
下	連	3	1	1	5							
	間	11	2	5	5							
	末	1										
跳	斷	21		1	5							

㈨陽平與陰平相連：表十九

陽平與陰平，雖都是平聲，但究有陰陽之別，所以陽平與陰平相連，少用同音。用同音的一六〇字，占四二三二字中的百分之四，比數不高。又連的總數一八六四字中，升數凡一〇二三，降數爲八四一，升宜於降。表二中，陽平低出，陰平高出，可見陽平後的陰平，不宜用同音，但宜下降，最宜上升，還可以上跳。

㈩陽平與陽平相連：表二十

陽平與陽平相連，是兩個同樣字調的字相連，當然宜用同音，同音凡七九八字，占五七七七字中的百分之十四。又連的總數一二六〇字中，升數四一二，降數八四八。由於陽平低出，宜於下降。故陽平後的陽平字，既宜同音，也可上升，最宜下降。

㈪陽平與陰上相連：表二十一

清李漁《笠翁劇論》說：

「平、上、去、入四聲，惟上聲一音最別。」他的所謂「最別」，是指在詞曲中，上聲最低，在賓白中，上聲最高；不止此也，北平的上聲最低，南方的上聲卻「高呼猛烈」：因此，上聲可低，也可高。在陽平與陰上相連中，連的總數爲二四六，上升者凡一一二，下降者凡一三四，所以陽平後的陰上聲，既可上升，也可下降。又陽平與陰上相連，用同音的凡一二五，占一一九一字中的百分之十·五，因爲兩者都是低出高收，故亦可用同音。

表十九

關聯／字數		單	升	降	峯	谷	倒	摺	疊	擻	頓	豁
同音	連	38	15									
	間	12	31		3				1			1
	末	1	18						4			
	斷	3	28		3				1	1		
上行	連	735	241	2	3				8	3		
	間	208	190		41		7		5	1		
	末	90	177	3	9				10	2		
	斷	31	57	1	7		1					
上跳	連	28	3									
	間	43	33	2	5		2			2		
	末		1									
	斷	9	92		4		2		2	2		
下行	連	2	651		117		21		2	3		
	間	7	277		40		9			4	1	
	末		464		200	1	15		3	3		
	斷	1	45		5		2					
下跳	連		44				1					
	間	1	50									
	末		10									
	斷	1	29									

表二十

字數關聯	腔	單	升	降	峯	谷	倒	摺	疊	擻	頓	豁
同	連	423	5		1							
	間	164	49		8		2					
	末	52	30		5					1		
音	斷	31	26		1							
上	連	225		172	11				2	1		
	間	28	33	47	10							
	末	109	19	18	10				4			
行	斷	3	35	1	3							
上	連	1										
	間	14	7		1		4					
	末											
跳	斷	9	28	1	1		2					
下	連	7	576	2	108		72		11	1		2
	間	11	104	4	72	1	13		7	2		5
	末		490		191		134		48	4		1
行	斷		31	1	14				6			
下	連	1	54				13		1			
	間	6	60	1	8	1	4		1			
	末	1	29				1					
跳	斷	1	74		4		1		1			

表二十一

字數＼腔 關聯		單	升	降	峯	谷	倒	摺	疊	擻	頓	豁
同	連	27										
	間	43	15		2		1					
	末	8	15	2					1			
音	斷	8	2		1							
上	連	84	1	31	1							
	間	53	20	32	3				1			
	末	31	7	18	4		1					
行	斷	8	17		5							
上	連											
	間	5	9	1	1		1					
	末	1										
跳	斷	7	17						1			
下	連	3	62	1	25		1		1			6
	間	14	62		73		9		2			2
	末	6	115	1	91		26		14	1		5
行	斷	2	22		10				3			
下	連		31	1	1		1		1			
	間	7	47		8		3		1			
	末		10	1	2							
跳	斷	2	28		4				1			

㈩陽平與陽上相連：表二十二

這和陽平與陰上相連差不多，既可同音，亦宜升宜降。陽平與陽上都是陽聲，都是低出高收，故宜同音，此處用同音的凡七八，占六三九字中的百分之十二・二。又連的總數爲一六五，其中升數八八，降數七七，兩者相差不遠，故宜升、亦宜降。

㈢陽平與陰去相連：表二十三

去聲都是曲中發聲處，高出低收。陽平與陰去相連，連的總數凡二三一，升數爲二一一，降數僅二十，尚不及升數的十分之一，故陽平後的陰去，只宜上升，亦宜上跳，不宜下降。又用同音的凡三十，都在間和斷，在連和末的，各只一字，可見陽平後的陰去，同音亦非所宜。

㈣陽平與陽去相連：表二十四

陽平與陽去相連，兩者都是陽聲，而且陽去聲在任一字聲之後，都可用同音，故此處宜用同音。此處用同音的凡三七二，占二一九五字中的百分之一七。又連的總數凡五三六，其中上升者凡四四七，下降者凡八九，兩者相差很大：所以陽平後的陽去，可用同音，亦宜上升，亦宜上跳，下降當少用。

表二十二

關聯＼字數＼腔		單	升	降	峯	谷	倒	摺	疊	擻	頓	豁
同	連	25										
	間	32	3		2							
	末	3	1									
音	斷	3	9									
上	連	55	1	26	3							
	間	33	9	12	3		1					
	末	13	3	15	1				1			
行	斷	6	9		2							
上	連	3										
	間	2	2	2								
	末											
跳	斷	4	7	1								
下	連	5	34		11		4		1			
	間	5	18	4	26		3		1			1
	末		64	5	47		10		8			3
行	斷	2	14		4				1			
下	連		19	1	1		1					
	間	3	16		2		2					
	末		5	1								
跳	斷	1	20		2				2			

表二十三

字數關聯	腔	單	升	降	峯	谷	倒	摺	疊	擻	頓	豁
同音	連						1					
	間	3	10									
	末	1										
	斷	1	13		1							
上行	連	27	105							1		
	間	31	141		8	1	3		1	1		
	末	14	261	1	13		1		4	2		
	斷	4	16	1	2							
上跳	連	25	52		1				1			
	間	66	154		2		6		1			1
	末	3	59		6							
	斷	16	65	1	7				2	2		
下行	連		18		1							
	間	3	37		4		2					1
	末		37		1		1		1			
	斷		5		2							
下跳	連		1									
	間		13		1							
	末											
	斷		3									

表二十四

關聯 \ 字數 \ 腔		單	升	降	峯	谷	倒	摺	疊	擻	頓	豁
同音	連	3	76		1							
	間	4	85		11							
	末	19	136		2							
	斷	6	18		9		1			1		
上行	連	101	277		1					1		
	間	46	146	3	9		3		1			
	末	31	403		4		1		3	1		
	斷	8	39		5							
上跳	連	48	17	1		1						
	間	60	46	2	5		3					
	末	3	23		8							
	斷	20	68	1	2							
下行	連		76		1		7			1		
	間	5	64	1	26		1		2	4		
	末		139		17		3		3			
	斷		19		3				1			
下跳	連		4									
	間		30									
	末		11									
	斷		10		1				2			

㈤陽平與陰入相連：表二十五

陽平與陰入相連，同於陽平與陰平相連的處理。此處用同音的凡四八，占八八八字中的百分之五。陽平與陰平相連的同音爲百分之四，兩者相差不遠。又連的總數凡二四六，其中上升者凡一七八，下降者凡六八，升較降爲宜，降亦可用。

㈥陽平與陽入相連：表二十六

陽平與陽入都是陽聲，而且陽入是作陽平處理，故宜用同音。此處用同音的凡一九九，占七四四字中的百分之二七。又連的總數凡一五七，其中升數凡一〇六，降數凡五一，升數爲降數之倍，這和陽平與陽平相連的降數爲升數之倍正好相反。因爲陽平後的陽入，既可升，亦可降，這升降數之倍的相反，也就沒有什麼了。

㈦陰上與陰平相連：表二十七

前曾言之：上聲，在詞曲則最低，在賓白則最高；在北平則最低，在南方則「高呼猛烈」：所以在陰上之後的陰平，可高於陰上，亦可低於陰上。陰上與陰平相連的連的總數爲二五〇，上升者二一五，這是本分，陰平應高於陰上；下降者三五，這是南方上聲：所以陰平在陰上之後，大可上升，亦可以上跳，亦可下降，而上升數六倍於下降數，下降當少用。又陰上與陰平都是陰聲，但一揚一平，故同音不多，僅二十一字，占一一二三字中的百分之一・九。同音的連僅一字，可見同音不宜於陰上後的陰平。

表二十五

關聯＼字數＼腔		單	升	降	峯	谷	倒	摺	疊	擻	頓	豁
同音	連	4	2									
	間	3	19		1							
	末		2						2			
	斷		12		3							
上行	連	142	21						2			
	間	114	51		8	3	1		1			1
	末	18	29		1					1		
	斷	8	35		4							
上跳	連	3										
	間	10	22		2				1			
	末		2									
	斷	7	34		2							
下行	連	1	56		4		2			1		
	間	3	55	1	22		2		1			1
	末	1	85	1	3		9		1			
	斷	2	18		4							
下跳	連		4									
	間	1	15		2		2					
	末		2									
	斷		15		2				1			

表二十六

關聯＼字數＼腔		單	升	降	峯	谷	倒	摺	疊	擻	頓	豁
同音	連	87										
	間	52	8		4					1		
	末	10	12									
	斷	12	10		2					1		
上行	連	19	34	43	8	1						1
	間	6	14	20		1	1					1
	末	18	7	4	2				2			
	斷		9	1								
上跳	連	1										
	間	3	1									
	末		1									
	斷	3	13		1							
下行	連	4	8	2	12		2		1		1	
	間	8	20	4	32		1		4	1		
	末	2	68	4	32		17		12			1
	斷	1	6		4				3			
下跳	連	2	18				1					
	間		17		4		2					
	末		1									
	斷		33		1				1			

表二十七

關聯＼字數＼腔		單	升	降	峯	谷	倒	摺	疊	擻	頓	豁
同音	連	1										
	間	2	3	1								
	末											
	斷	1	8			3				1	1	
上行	連	44	52	56		24			5	2	3	
	間	89	274	20		30	1		11	5	10	1
	末	7	90	1	1	29			4	4	6	1
	斷	15	13	2	2	3				1	1	
上跳	連	1	4	18		6						
	間	2	30	30		6					1	
	末		13	3		7			1		1	
	斷	7	30	3	1	10				1		
下行	連	12	14		2	1					3	
	間	7	23	1	1	7	3		1	2	14	
	末		2								1	
	斷	1	6		1	1			1			
下跳	連		2								1	
	間	2	6				1					
	末											
	斷		2		1							

㈥陰上與陽平相連：表二十八

陰上與陽平雖陰陽相隔，但都是上揚的字調，可用同音。同音凡二六六字，占一四一三字中的百分之十八・八。又連的總數三七一，上升者一一〇，下降者二六一，上升爲下降之半，由於陽平出聲低，宜於下降，但亦可上升。

㈨陰上與陰上相連：表二十九

這是兩個字調相同的字連在一起，可用同音，同音凡四九字，占四〇七字中的百分之十二。由於字調相同，故後字的上升下降均可。連的總數一七〇，上升者九九，下降者七一。

㈩陰上與陽上相連：表三十

陰上與陽上相連，兩者雖有陰陽相隔，但都是上揚的調形，故可用同音。此處同音凡三一字，占二七八字中的百分之一一・二，和陰上與陰上相連用同音的比幾乎一樣。又連的總數凡一二三，上升者凡五六，下降者凡六七，兩數很接近，因爲兩者調形相同，故可上升，亦可下降。

表二十八

字數關聯＼腔		單	升	降	峯	谷	倒	摺	疊	擻	頓	豁
同	連	3	6	77		9				1		
	間	15	68	38		6				2	3	
	末		8	1		6					2	
音	斷	8	12			1						
上	連	14	16	39	17	14				2	2	
	間	19	52	34	11	5			3	1	2	
	末	40	4	8	77	26			1	1	5	
行	斷	1	9	1		2					1	
上	連	1		5								
	間	5	5	14	1	1						
	末		11	2	1	1						
跳	斷	7	26	5		3			1	1	2	
下	連	129	53	40	4	18	3		3		4	
	間	61	38	18	8	10	6		6		28	
	末	4	94	6	2	13	5				11	
行	斷	2	9	1	1	2	2			1		
下	連	5	2								3	
	間	23	10	1	1				1			
	末											
跳	斷	2	13		1	2	2					

表二十九

字數關聯＼腔		單	升	降	峯	谷	倒	摺	疊	擻	頓	豁
同音	連	21		3								
	間	4	2									
	末	1	4									
	斷	4	6	1		3						
上行	連	50	2	39	6					1		
	間	10	2	9							1	
	末	5	2	16	7	1				1	3	
	斷	5	7	2								
上跳	連			1								
	間		1		1	1						
	末											
	斷	5	9	5		3					1	
下行	連	8	33	2	14		4		2		2	
	間	3	4	1	2		1		1		1	
	末	1	21		11	1	4					
	斷	1	12	2	2	1			2			
下跳	連		5				1					
	間	1	6									
	末											
	斷	1	6		4							

表二十

關聯＼字數＼腔		單	升	降	峯	谷	倒	摺	疊	擻	頓	豁
同音	連	17										
	間	3	2	2							1	
	末	1										
	斷		4			1						
上行	連	29		21	3	3						
	間	4	1	5					1			
	末	6	3	13	11	2				3	1	
	斷	4	3	2		2						
上跳	連											
	間		1									
	末		1									
	斷	2	5	1		1				1		
下行	連	26	19	2	5		3		2		2	
	間	7	3	1	5		1					
	末	2	14	1	6		1		1		1	
	斷		2									
下跳	連		8									
	間	1	1									
	末											
	斷	1	3									

㈡陰上與陰去相連：表三十一

在曲中，陰上最低，陰去最高，陰上在陰去之前，是壓不住陰去的。同音數僅一二，同音的連數僅四，可見陰上後的陰去，不宜同音。連的總數一八三，上升者凡一七四，下降者僅九，可見陰上後的陰去，只宜上升，還可以上跳，不宜下降，同音亦非所宜。

㈢陰上與陽去相連：表三十二

前曾言之，南曲中的陽去，可以在任一字聲之後，使用同音。陰上與陽去相連，用同音的計一一七，占九三三字中的百分之一二・五。又連的總數爲四五八，上升者四二五，下降者三三，下降者不及上升者百分之十。故陰上後的陽去，可用同音，亦宜上升，亦宜上跳，下降不宜。

㈢陰上與陰入相連：表三十三

陰上與陰入相連，陰入應作陰平處理。陰平高出平收，陰上低出上揚，調形相差甚大，不宜用同音。此處同音數凡七，占五三四字中的百分之一・三。又連的總數三一六，上升者二七九，下降者三七，陰上壓不住陰平的高出，故陰上後的陰入，只宜上升、上跳，下降宜少用。

表三十一

關聯 \ 字數 \ 腔		單	升	降	峯	谷	倒	摺	疊	擻	頓	豁
同	連	1	3									
	間	1										
	末				1							
音	斷	1	4		1							
上	連	14	45			6			2	1	3	
	間	19	50	13		2					2	
	末	2	26	3		2			1	2	2	
行	斷		9		1	11					1	
上	連	7	52	44		4						
	間	22	38	13		2			1			
	末		13	2	1	3					3	
跳	斷	11	40	3					2	2	3	
下	連	3	2								3	
	間											
	末		10		1				1	1	1	
行	斷	2	1			1						
下	連		1									
	間		1									
	末											
跳	斷											

表三十二

字數關聯	腔	單	升	降	峯	谷	倒	摺	疊	擻	頓	豁
同	連	3	37	3		5				4	2	
	間		26			1					1	
	末	1	19			1			2			
音	斷	3	6			3						
上	連	43	194	58		23				1	4	
	間	18	49	7	1	1			1		1	
	末	3	67	6		2			2	1		
行	斷	3	11	1		2						
上	連	16	10	75		1						
	間	14	17	7		5					5	
	末	1	6	4	2	5			1			
跳	斷	20	29	6	1	7			1		2	
下	連	10	25			1					6	
	間	3	7			1					1	
	末	2	7	1			1					
行	斷	1	3									
下	連		1									
	間	1									1	
	末											
跳	斷		10									

表三十三

字數關聯 ＼ 腔		單	升	降	峯	谷	倒	摺	疊	擻	頓	豁
同音	連	3										
	間											
	末		1	1						1		
	斷		1									
上行	連	58	42	126		22			13	1	1	
	間	21	22	14		8			1		1	
	末	5	32	6	1	7			1	2	2	
	斷	6	8	1		3				1	1	
上跳	連	2		14								
	間	2	5	4						1		
	末		1	3	1	2						
	斷	8	9	3		2						
下行	連	8	18						1		8	
	間	1	2				1				1	
	末		7		1							
	斷		3	1						1		
下跳	連	1	1									
	間		3									
	末											
	斷					1						

㈣陰上與陽入相連：表三十四

陰上與陽入相連，陽入當作陽平處理。陰上與陽平俱是上揚字調，可用同音。此處同音數凡七五，占三〇八字中的百分之二四·三。又連的總數凡一三三，上升者三四，下降者九九。陽平低出，故可下降。而陰上極低，陰上後的陽入，也可上升。

㈤陽上與陰平相連：表三十五

陽上與陰平相連，陰平高出，陽上低出，不宜用同音。此處同音數凡一一，占七三一字中的百分之一·五。又連的總數凡一八〇，上升者一六五，下降者一五，下降數不及上升數的百分之十，故陽上後的陰平，只宜上升、上跳，不宜下降。

㈥陽上與陽平相連：表三十六

陽上與陽平相連，兩者均爲低出上揚字調，可用同音。此處同音數凡一四九，占七八八字中的百分之一九。又連的總數凡二一〇字，上升者六五，下降者一四五，可見陽上後的陽平，宜於下降，也可上升。

表三十四

腔／字數／關聯		單	升	降	峯	谷	倒	摺	疊	擻	頓	豁
同	連	6	1	40							1	
	間		4	10								
	末		2	1							2	
音	斷	3	1	1		1					2	
上	連	4	4	16	6	2					1	
	間	1	3	4								
	末	2		4	8	1					2	
行	斷	1	4									
上	連								1			
	間	3										
	末		1			3						
跳	斷		5			2			1			
下	連	48	18	7	7	1	1		2		5	
	間	5	1	1			1					
	末	7	13	1	4	2	1			1	3	
行	斷	1	2			1					2	
下	連	5	5									
	間	3	2									
	末											
跳	斷		3			1						

表三十五

關聯＼字數腔		單	升	降	峯	谷	倒	摺	疊	擻	頓	豁
同	連			1								
	間	2	1								1	
	末											
音	斷	1	4									
上	連	28	46	28		35	1		6	1	3	
	間	54	168	14		26			6	2	6	
	末	2	51	1	3	14			3		3	
行	斷	3	11	1		3			1	1	2	
上	連		1	12		4						
	間	11	24	19		4			2			1
	末			2								
跳	斷	6	20	2		1						
下	連	9	6									
	間	5	21	2	8	3	1			1	12	
	末		2	1			1					
行	斷	1	2								2	
下	連											
	間	5	3									
	末											
跳	斷	1	1									

表三十六

字數關聯＼腔		單	升	降	峯	谷	倒	摺	疊	擻	頓	豁
同音	連	3	7	35		7						
	間	12	35	20		6			2	1		
	末	1	4	2		5			1			
	斷	1	5	1		1						
上行	連	9	18	15	7	11			1		1	
	間	4	33	20	4	2			1		1	
	末	23	3	5	43	12			2	2	2	
	斷	1	5	1								
上跳	連			2		1						
	間	4	6	7		1						
	末		6	1		1						
	斷		10	2						1	1	
下行	連	69	29	16	3	14	4		1		6	
	間	24	20	12	2	1	1		3	1	20	
	末	5	60	5	2	4	3				3	
	斷		5		1	1						
下跳	連	2	1									
	間	13	8	1			2				5	
	末											
	斷	1	10			2					1	

㈢陽上與陰上相連：表三十七

陽上與陰上相連，兩者雖分陰陽，但都是上聲，都是低出上揚字調，可用同音。此處同音數凡三七，占二八五字中的百分之一三。又連的總數一〇六，上升者六四，下降者四二，可見陽上後的陰上，可以上升，也可以下降。

㈥陽上與陽上相連：表三十八

陽上與陽上相連，是兩個同樣字調的字連在一起，自然可用同音。此處同音數爲二八，占一五九字中的百分之一八。又連的總數爲五三，上升者二九，下降者二四，這兩個數字很接近，因爲上聲可高可低，故陽上後的陽上，可以上升，也可以下降。

㈨陽上與陰去相連：表三十九

陽上最低，陰去最高，兩者絕不能同音，此處同音數僅二。又連的總數一四二，上升者一三三，下降者九，下降數不及上升數的百分之十，可見陽上後的陰去，只宜上升、上跳，同音，下降，均非所宜。

表三十七

關聯＼字數＼腔		單	升	降	峯	谷	倒	摺	疊	擻	頓	豁
同	連	10		4								
	間	5	2	2		1						
	末	3										
音	斷	2	5	2							1	
上	連	40	2	18	1							
	間	13	12	13								
	末	8	4	3	1					1		
行	斷	5	9	1		1						
上	連	1		2								
	間	2	3									
	末											
跳	斷	3	6	1							1	
下	連	6	15		10		1		1	2	1	
	間	4	6	1	1	1	1					
	末	2	8		5	1	2					
行	斷	3	3	3	1						2	
下	連		4		1						1	
	間		2				2			1	1	
	末											
跳	斷		4		1							

表三十八

字數＼腔 關聯		單	升	降	峯	谷	倒	摺	疊	擻	頓	豁
同音	連	13		1								
	間	4	2									
	末	2	1									
	斷	1	4									
上行	連	14		14								
	間	2		3		1						
	末	4		4	3	2					2	
	斷	1	4	1								1
上跳	連			1								
	間	1		1		1					1	
	末		1									
	斷	3	3	1								
下行	連	6	5		8		2		1		1	
	間	4	3	2	1							
	末	1	10	3	3						2	
	斷		2		1	2					1	
下跳	連		1									
	間		1									
	末										1	
	斷		1									

表三十九

腔／字數／關聯		單	升	降	峯	谷	倒	摺	疊	擻	頓	豁
同音	連			1								
	間		1									
	末											
	斷											
上行	連	12	40	9		4			1	1		
	間	12	20	2								
	末	1	13	1	1	1					1	
	斷	2	7									
上跳	連	8	25	26		3					4	
	間	15	39	7		3			2		1	
	末		7	4	1	1						
	斷	7	20	4		3				1	2	
下行	連	4	3	1							1	
	間										2	
	末		1			1						
	斷											
下跳	連											
	間											
	末		1									
	斷											

㈩陽上與陽去相連：表四十

陽去在南曲中，置於任一字聲之後，都可用同音。陽上後的陽去，同音數凡五五，占四九八字中的百分之十一。又連的總數二六四，上升者二二一，下降者四三，可見陽上後陽去，既可同音，更宜上升、上跳，亦可下降。

㈢陽上與陰入相連：表四十一

陽上與陰入相連，陰入當作陰平處理。陽上低出而揚，陰平高出而平，兩者不可能用同音，此處同音數凡八，占二二八字中的百分之三．五。又連的總數爲一〇〇，上升者八三，下降者一七，可見陽上後的陰入，只宜上升，若用下降，須將陽上譜成南方上聲。

㈢陽上與陽入相連：表四十二

陽上與陽入相連，陽入當作陽平處理。陽上低出上揚，陽平也是低出上揚，故可用同音。此處同音數四六，占一五八字中的百分之二九。又連的總數爲五六，上升者一七，下降者三九，上升數不及下降數之半。陽平低出，再將陽上譜成南方上聲，故陽上後的陽入，宜於下降，也宜同音，上升亦可。

表四十

字數關聯＼腔		單	升	降	峯	谷	倒	摺	疊	擻	頓	豁
同音	連	1	16	2		2			1		1	
	間	1	17			1				1		
	末	1	7									
	斷		4									
上行	連	19	95	35		8				1	6	
	間	7	32	2							3	
	末	6	22	3	1	2				1	2	
	斷	2	7	1		3	1					
上跳	連	11	4	39		2					1	
	間	7	18	6	2				1			
	末	1	1	1					1			
	斷	9	14			3						
下行	連	2	27						1	1	3	
	間	3	1		1							1
	末		5		1						3	
	斷		3			1						
下跳	連											
	間	4	2								1	
	末											
	斷		3									

表四十一

字數關聯＼腔		單	升	降	峯	谷	倒	摺	疊	撇	頓	豁
同	連			2								
	間		5									
	末											
音	斷		1									
上	連	21	8	37		6			3	1		
	間	15	19	8		4						
	末	3	8		1	2			1			
行	斷	2	4	1		1						
上	連	1		6								
	間	7	8	8							1	
	末			1								
跳	斷	2	7	2		2				1		
下	連	4	6	1	1					1	2	
	間	2	3								2	
	末	1	1	1								
行	斷		1			1						
下	連	1		1								
	間											
	末											
跳	斷											

表四十二

關聯＼字數＼腔		單	升	降	峯	谷	倒	摺	疊	擻	頓	豁
同	連	2	1	17								
	間		2	8								
	末	2	2	3								
音	斷	3	3			1					2	
上	連	1	1	12	1	1						
	間	1	8	1								
	末		2	1	3	2						
行	斷		1									
上	連			1								
	間	2		3								
	末											
跳	斷	1	1									
下	連	24	8	2	2		2				1	
	間	5	5	2		1						
	末	2	5		1						1	
行	斷					1						
下	連											
	間		1									
	末		2									
跳	斷		4									

㈢陰去與陰平相連：表四十三

陰去與陰平都是陰聲，而且都是高出，可以用同音。此處同音數爲三四，占一三一〇字中的百分之二·六。又連的總數二三二，上升者一二，下降者二一〇，上升數不足下降數的百分之十，可見陰去後的陰平，宜於下降、下跳，因爲陰去最高，陰平雖高，卻高不過陰去去。

㈣陰去與陽平相連：表四十四

陰去與陽平乃一陰一陽，陰去高出低收，陽平低出高收，兩者相悖，不宜用同音。此處同音數凡六一，僅占一三四六字中的百分之四·五，大多用於間和斷，用於連的僅十而已。又連的總數三四六，上升者七，下降者三三九，可見陰去後的陽平，以最低處於最高之後，自然只宜下降，甚或下跳，不宜同音，亦不宜上升。

㈤陰去與陰上相連：表四十五

陰去與陰上雖都是陰聲，但一高一低，絕不能用同音。此處同音數爲一五，但同音的連數僅二，微不足道。又連的總數二三一，上升者二，下降者二二九，可見陰去後的陰上，高低懸殊，只宜下降、下跳，同音與上升，均非所宜。

表四十三

字數 關聯 \ 腔		單	升	降	峯	谷	倒	摺	疊	擻	頓	豁
同音	連	13										2
	間	6		2								1
	末	1										
	斷	6		2								1
上行	連			8		1						3
	間	10	1	71		4			1	1		11
	末			22	1				1			5
	斷	2	1	26	2	1			1			6
上跳	連											
	間	5	2	18		1						2
	末			11								
	斷	1		35	1					1	1	11
下行	連	47	5	80	3				6	4		18
	間	131	5	271	4	1		1	5	2		18
	末	24	1	139	2		2		5	1		8
	斷	13		14	1							1
下跳	連	12	6	6		3				1		19
	間	31	13	14		7			1			35
	末	1	4	2					1			25
	斷	10	2	2								2

表四十四

關聯＼字數＼腔		單	升	降	峯	谷	倒	摺	疊	擻	頓	豁
同	連			9								1
	間			19					1			7
	末			2								3
音	斷		1	18								
上	連			6								1
	間	2		33	2	8						4
	末	1		15								1
行	斷	1		7								5
上	連											
	間			7								1
	末			13								1
跳	斷	1		36	1	1						9
下	連	77	1	142	14				1	1		21
	間	40	1	196	2				5	2	2	34
	末	12		166	6				6	1		27
行	斷	5		13		1						2
下	連	37	8	17	2	4				1		13
	間	93	17	74					1	1		29
	末	6	5	3	1							
跳	斷	15	2	13	2					1		6

表四十五

字數＼腔 關聯		單	升	降	峯	谷	倒	摺	疊	擻	頓	豁
同音	連	2										
	間			1								
	末				1							
	斷	3		4	1							3
上行	連			2								
	間	1										
	末	1		13								2
	斷		1	2								
上跳	連											
	間	1		4								2
	末			3								
	斷	2		9	1							2
下行	連	42		81	7	2			4	2		20
	間	15	1	39	2				3			9
	末	7	1	120	7				4			18
	斷	5	1	11					3			
下跳	連	21	7	33	1				1			8
	間	9	7	28			1					9
	末	1	5	4								2
	斷	12		20								3

㈥陰去與陽上相連：表四十六

陰去與陽上，一陰一陽，一抑一揚，當然不宜用同音。此處同音數凡一五，其中連數僅二，可見同音不宜。又連的總數二〇二，上升者僅一，其餘二〇一均爲下降，可見陰去後的陽上，只宜下降、下跳，不宜上升，也不宜同音。

㈦陰去與陰去相連：表四十七

這是兩個字調相同的字連在一起，自宜用同音。此處同音數爲六〇，占五三七字中的百分之一一・一。又連的總數爲一八五，上升者三九，下降者一四六，由於字調相同，既宜下降，也可下跳，也可上升，亦宜同音。

㈧陰去與陽去相連：表四十八

陰去與陽去同是去聲，可用同音。此處同音數爲六三，占六三八字中的百分之十，況後字爲陽去，大可用同音。又連的總數爲二五四，上升者一三，下降者二四一，下降數爲上升數之十八倍，可見陰去後的陽去，既宜同音，亦宜下降，亦宜下跳。

表四十六

關聯 \ 字數 \ 腔		單	升	降	峯	谷	倒	摺	疊	擻	頓	豁
同音	連			2								
	間	3				1						
	末											
	斷			8								1
上行	連			1								
	間	2		5								1
	末			8								3
	斷			7								2
上跳	連											
	間	2		3	1							
	末											
	斷	2		8	1							2
下行	連	51	1	59	10				1			16
	間	14		35	1				3			4
	末	1		51					2			10
	斷	1		7								
下跳	連	20	8	24	3	2						6
	間	14		15								2
	末	3		5								
	斷	5		7								1

表四十七

關聯	字數 腔	單	升	降	峯	谷	倒	摺	疊	擻	頓	豁
同音	連	26										7
	間	10		2								
	末	6										1
	斷	5		2								1
上行	連	6	4	20					1	3		5
	間	12	1	18		2			1			3
	末	1	5	14	1	1	2					1
	斷	9	1	8		1						1
上跳	連											
	間	6		18					1			7
	末		1	2	1							
	斷	2		41		1						18
下行	連	78	18	12				1	1			14
	間	15	3	7					1			3
	末	11	16	11					1			6
	斷	4		9	1							3
下跳	連	11	9	2								
	間	4	2			1						1
	末	3	6									
	斷	4		1								

表四十八

字數關聯＼腔		單	升	降	峯	谷	倒	擢	疊	擻	頓	豁
同	連	15	1	8								3
	間	12		5								1
	末	4	1	3								2
音	斷	2		5								1
上	連	2	2	7					1	1		
	間	14	2	4		3						
	末	1	1	11		3			1			
行	斷	1		11								3
上	連											
	間			12					1			2
	末											
跳	斷	5		30		1						8
下	連	97	9	41		2			2	2		28
	間	31	1	33								4
	末	13	13	27		1		2	1	1		4
行	斷	3		12		1						1
下	連	47	4	3		3				1		2
	間	22	1	5								
	末	12	1			4						5
跳	斷	9		1								1

㈢㈨陰去與陰入相連：表四十九

陰去後的陰入，當作陰平處理。兩者都是陰聲，都是高出，宜用同音。此處同音數凡三五，占六三〇字中的百分之五・五。又連的總數爲二六六，上升者僅五，下降者二六一，可見陰去後的陰入只宜下降、下跳，也可同音，獨不宜上升。

㈣㈩陰去與陽入相連：表五十

陰去後的陽入，自然當作陽平處理。兩者陰陽有別，一抑一揚，自不宜用同音。此處同音數凡十，都系間與斷，無一連數。又連的總數爲一五九，上升者僅四，下降者一五五，可見陰去後的陽入，只宜下降或下跳，不宜上升，也不宜同音。

㈣㈠陽去與陰平相連：表五十一

陽去常用豁腔，豁高後再下洩，其勢甚強。陰平在陽去之後，受陽去下洩之勢的影響，順勢而下，便升不起來了，故用同音以止其下洩。此處同音數爲六八，占一八七九字中的百分之三・六。又連的總數爲三三〇，上升者一八，下降者三一二，可見陽去後的陰平，是受陽去下洩之勢的影響，多用下降或下跳，極少用上升。

表四十九

關聯 ＼ 字數 ＼ 腔		單	升	降	峯	谷	倒	摺	疊	擻	頓	豁
同	連	15	1									
	間	7		1								
	末	1		3								
音	斷			5								
上	連	1	1	3								
	間	4	2	6								
	末			4						1		1
行	斷	2		6	2							
上	連											
	間	2	3	4								
	末			1	1							
跳	斷			19								9
下	連	102	5	83	3		1			4		30
	間	46	1	48	1				1			14
	末	15		67			1		1	1		16
行	斷	3		10		1						
下	連	19	4	4	1	4						1
	間	12	5	1		1			1			
	末	1		3		1						
跳	斷	7		3								1

表五十

字數關聯		單	升	降	峯	谷	倒	摺	疊	擻	頓	豁
同音	連											
	間			2								
	末											
	斷	2		5								1
上行	連			2								1
	間			3								1
	末			4								
	斷			3								1
上跳	連			1								
	間			10								1
	末			2								
	斷			8								
下行	連	16	1	73	1		1		1	3		6
	間	11		20	1	1			1			
	末	1	1	31	2							7
	斷			6	1							1
下跳	連	24	4	13					1			11
	間	16	1	4	1							4
	末	2		1								
	斷	6		7								4

表五十一

字數 關聯	腔	單	升	降	峯	谷	倒	摺	疊	擻	頓	豁
同	連	8	1				2					13
	間	7		2	1		4					8
	末	1			2		1		1			1
音	斷	4		4	2		2					4
上	連	4	1	2	2		6					
	間	4	4	38	13	9	49		2	3		34
	末		3	12	15		14		3			9
行	斷	2	1	9	7	1	10			2		6
上	連	1		1			1					
	間	4	1	6	4	3	5					3
	末			3	6		6					3
跳	斷	4	4	15	14	1	29			2		6
下	連	69	46	28	5		88		1	1		37
	間	180	45	86	43		219		3	5		93
	末	22	13	39	23		85		1			40
行	斷	18	2	3	9		10		2			3
下	連	4	28	1	2		2		1			
	間	15	66	3	10		23					2
	末	7	14		1		1					1
跳	斷		12	1	2		4					5

㈢陽去與陽平相連：表五十二

陽去後的陽平，和陽去後的陰平一樣，都是受陽去下洩的影響，抬不起頭來，所以極少上升，只宜下降、下跳。此處連的總數爲四六〇，上升者二一，下降者四三九，相差甚大，可見下降之勢極強，惟有用同音稍稍擋擋它。此處同音數爲一〇九，占一八七二字中的百分之五・八。

㈢陽去與陰上相連：表五十三

陽去與陰上相連，去聲最高，上聲最低，自然上聲被壓制住了。此處連的總數爲三七四，上升者十，下降者三六四，兩者差距極大，可見陽去後的陰上，只宜下降，甚或下跳。陽去陰上，一高一低，同音亦非所宜。此處同音數爲二九，其中的連數僅六，可見同音亦非所宜。

㈣陽去與陽上相連：表五十四

陽去與陽上，也是一高一低，不宜用同音。此處同音數僅七，其中的連數僅一，可見陽去後的陽上，同音非所宜。又連的總數爲二八六，上升者四，下降者二八二，兩數相差懸殊，可見陽去後的陽上，只宜下降，或下跳。

表五十二

關聯＼字數＼腔		單	升	降	峯	谷	倒	摺	疊	擻	頓	豁
同	連	13					2					1
	間	4	1	14	4	1	20	1				6
	末	4		1	5	1	3					3
音	斷	1		5	11		4			1		3
上	連			12		1	7					1
	間	2		15	5	4	26					7
	末		1	4	16		9		1			3
行	斷			4	2		2					4
上	連											
	間			5	4		2					
	末			2	6		4					
跳	斷		4	7	5	1	13		1	1		3
下	連	72	8	64	23		87		6			46
	間	78	4	102	43	2	152		6	1	1	41
	末	18	6	113	22		92		4	1		36
行	斷	6	1	6	3		5		1			3
下	連	44	35	6			20		1			27
	間	108	45	46	3		52					39
	末	6	21	5								4
跳	斷	19	17	12	3		7			2		5

表五十三

關聯＼字數＼腔		單	升	降	峯	谷	倒	摺	疊	擻	頓	豁
同音	連	6										
	間	3										1
	末											
	斷	4		9			4					2
上行	連	2	1	2	1		2					2
	間	4		5	2	1						1
	末	1	1	4	6	1	15					10
	斷			7	5		3			1		1
上跳	連											
	間	2		2	2	2						
	末			2			2					
	斷	1	1	7	2							5
下行	連	67		64	4		68		7	3		65
	間	24		32	4	1	28					11
	末	10	1	79	14		71		4			29
	斷	7		6	4		8		1			3
下跳	連	25	15	9	4		20					12
	間	12	8	13	3		12			1		5
	末		14		3		3					1
	斷	18	8	6	2		5			1		

表五十四

字數＼腔 關聯		單	升	降	峯	谷	倒	摺	疊	擻	頓	豁
同音	連	1										
	間											
	末											
	斷	1		2	2							1
上行	連						2					2
	間	1		2	1		1					
	末			4	4		6					12
	斷		1	1	1	1	2					1
上跳	連											
	間	1										1
	末											
	斷	1		2	1		2					
下行	連	62	1	51	12		41					28
	間	25	1	30	8		14		3	1		8
	末	5		46	13		31		1			19
	斷	2		4	2		2		3	1		2
下跳	連	23	18	14	5		10					12
	間	14	3	8	3					1		3
	末	2	9	1	2		2					2
	斷	6	2	2			1					2

(四五)陽去與陰去相連：表五十五

陰去與陽去雖分陰陽，但都是去聲，都是高出低收，宜用同音。此處同音數爲一〇七，占六八四字中的百分之一五・六。又連的總數爲二二二，上升者五一，下降者一七一，可見陽去後的陰去，非常自由，可以同音，可以上升或上跳，可以下降或下跳。

(四六)陽去與陽去相連：表五十六

這是兩個字調相同的字連在一起，當然可用同音。此處同音數爲一〇三，占七七九字中的百分之一三・二。又連的總數爲二三九，上升者二二，下降者二一七，可見陽去後的陽去，可用同音，可以下降或下跳，上升當少用。

(四七)陽去與陰入相連：表五十七

這裡的陰入當作陰平處理，和陽去與陰平相連的情形一樣：同音比也是百分之三；連的總數二八一，上升者八，下降者二七三，也是只宜下降或下跳，不宜上升。

(四八)陽去與陽入相連：表五十八

自然，陽入當作陽平處理。一個高出低收，一個低出高收，同音非所宜。此處的同音數爲十，同音連數爲零。又連的總數爲二二六，上升者三，下降者二二三，可見陽去後的陽入，只宜下降或下跳，同音與上升，均非所宜。

表五十五

關聯 \ 字數 \ 腔		單	升	降	峯	谷	倒	搯	疊	擻	頓	豁
同	連	18	29	1								8
	間	4	19		1							3
	末		5									2
音	斷	9	2	3			2					1
上	連	1	16	3	3	1	13			1		5
	間	15	9	2	6	7	13		1	1	1	7
	末	2	43				10		2			1
行	斷	4	3	6			3					4
上	連	2	4		2							
	間	13	1	10	4	1	8			1		5
	末					2	3					
跳	斷	4	1	25	3		18			2		9
下	連	34	87	4	2		13					17
	間	15	29	3	3		3		1	1		4
	末	3	20	2	2		8		1	1		3
行	斷	6	3	3	1		4					
下	連	1	12				1					
	間	2	5									
	末	2	9				1					
跳	斷	2	5	1	1							

表五十六

關聯＼字數＼腔		單	升	降	峯	谷	倒	摺	疊	擻	頓	豁
同音	連	21	19	2	3		5					5
	間	15	1	1	4		3					1
	末		1		2		2					4
	斷	12	1	3	2		4			1		1
上行	連	5	4	4	3		4					2
	間	20	3	2	2	5	6					4
	末	1		2	2		5					7
	斷	6		12	4		7			1		4
上跳	連			1								
	間	6	1	12	3	2	15					2
	末		1	2			3					
	斷		3	24	6		23					9
下行	連	35	85	5	3		10					24
	間	22	25	5	3		9		1	1		9
	末	3	36	6	4		13		1			2
	斷	4	4	2	2		4					6
下跳	連	2	43	2	2		2					4
	間	2	15	1			1					3
	末		21		2		3					
	斷	6	7	2	2		3					

表五十七

關聯＼字數＼腔		單	升	降	峯	谷	倒	搯	疊	擻	頓	豁
同	連	3				1	1					4
	間	2										1
	末		1						2			
音	斷	1		2	1							1
上	連	2	2		1	1						1
	間	1		1	2	1	2					3
	末		2	2	2		6		1			2
行	斷	1	1	3	3		6		1			1
上	連		1									
	間	1		1		3	2					
	末			1	1		2					
跳	斷	2		10	6		10					2
下	連	95	12	16	10		49			2		46
	間	37	7	11	10		29		4	3		9
	末	23	1	20	11	1	27			1		24
行	斷	9	1	2			3					2
下	連	2	32		1		5					3
	間	1	10	1	2		3			1		3
	末	1	8	1	3	1	2					
跳	斷	1	1	3			2					

表五十八

關聯	字數 ＼ 腔	單	升	降	峯	谷	倒	摺	疊	擻	頓	豁
同音	連											
	間			1	1							
	末						2		1			1
	斷	1		1			1					1
上行	連					1	1					1
	間	2		1		1						
	末	1		2	5		4					2
	斷	1	1	1			1					
上跳	連											
	間			1	1							
	末						2					
	斷			4			4		1			
下行	連	35	1	54	11		37					24
	間	12	2	6	2		10					4
	末	5	1	28	7		19					14
	斷						3					
下跳	連	27	10	1	3		7					13
	間	4	5	8	2		3			1		4
	末	5	4	1			1					1
	斷	7	3	3	3		3					1

㈣陰入與陰平相連：表五十九

陰入當作陰平處理，這就和陰平與陰平相連的情形一樣。同音比很高，占八八九字中的百分之二三。又連的總數爲一七八，上升者一四，下降者一六四，上升數不及下降數的百分之十，可見陰入後的陰平，宜於同音，亦宜於下降。

㈤陰入與陽平相連：表六十

這和陰平與陽平相連的情形一樣。同音數爲四四，占九一八字中的百分之四・八，惟陰平與陽平相連的同音比爲十一，較此稍高而已。又連的總數爲四一一，上升者僅七，下降者四〇四，可見陰入後的陽平，只宜下降或下跳，不宜上升，同音間可用。

㈥陰入與陰上相連：表六十一

陰入當作陰平處理，與陰上都屬陰聲，可用同音。此處同音數爲三三，占五三四字中之百分之六，這與陰平與陰上相連的同音比相等，也是百分之六。又連的總數爲二七四，上升者五，下降者二六九，可見陰入後的陰上，只宜下降或下跳，同音亦可，上升不宜。

表五十九

字數 關聯	腔	單	升	降	峯	谷	倒	摺	疊	擻	頓	豁
同	連	143			3				1			
	間	40	1		1							1
	末	5	1		1				1			
音	斷	6			1							
上	連	5	3	1					4	1		
	間	58	21	10	27				2	3		
	末	4	6	1	8					1		
行	斷	4	4		4							
上	連											
	間	4	3	2	4							
	末				4				1			1
跳	斷	9	1	1	7							1
下	連	4	112	2	43							1
	間	26	70	15	68				2		1	
	末	6	40	3	56							
行	斷	5	2	2	1				1	1		
下	連		2									
	間	7	7									
	末		1		1							
跳	斷											

表六十

腔 / 字數關聯		單	升	降	峯	谷	倒	摺	疊	擻	頓	豁
同音	連	11	1									
	間	5	3	7	7							
	末			2	2							1
	斷	2	1		2							
上行	連	1		3	3							
	間	7	6	4	10					1		
	末	2	1	1	6				1			
	斷	2	1		2							
上跳	連											
	間	4	3		4							
	末			3	1							
	斷	3			2							
下行	連	219	6	17	136					1		
	間	90	10	24	72				4		1	
	末	16		21	63				11	2		
	斷	7	1	3	1				4			
下跳	連	13	5		7							
	間	27	5	1	26							
	末	3										
	斷	3	1	1					1			1

表六十一

間腔＼字數＼腔		單	升	降	峯	谷	倒	摺	疊	擻	頓	豁
同音	連	21		1								
	間	3										
	末	2										
	斷	3			3							
上行	連	4					1					
	間	2		1	2							
	末	2		1	4							
	斷	8		1	3				1			
上跳	連											
	間	2										
	末											
	斷	4			1							
下行	連	109	2	15	102				5	2		1
	間	22	3	14	16				1			
	末	16	4	15	63				5			
	斷	5	1	3	1	1						
下跳	連	12	1		19	1						
	間	7	2	2	2					1		
	末		1		2							
	斷	7		1								

(三二)陰入與陽上相連：表六十二

陰入當作陰平處理，與陽上一陰一陽，一高一低，不宜同音。此處同音數爲六，占二六二字中的百分之二・二。又連的總數爲一三三，上升者五，下降者一二八，可見陰入後的陽上，只宜下降或下跳，上升與同音，均非所宜。

(三三)陰入與陰去相連：表六十三

陰入當作陰平處理，與陰去都是陰聲，都是高出，可用同音。此處同音數爲三一，占七一一字中的百分之四・三，比數雖不高，而同音的連數有一九。又連的總數爲三八〇，上升者三五七，下降者二三，下降數尚不及上升數百分之十，可見陰入後的陰去，大宜上升或上跳，同音亦可，不宜下降。

(三四)陰入與陽去相連：表六十四

陰入當作陰平處理，和陰平與陽去相連比較：此處同音數爲一七六，占一〇一五字中的百分之一七，陰平與陽去的同音比爲一六，兩者很接近。又連的總數四八五，上升者三八八，下降者九七，可見陰入後的陽去，既宜同音，復宜升降。

表六十二

關聯	字數＼腔	單	升	降	峯	谷	倒	摺	疊	擻	頓	豁
同音	連	2										
	間	3										
	末											
	斷	1										
上行	連	4			1							
	間	1			1							
	末	2		1	1							
	斷	3			1							
上跳	連											
	間											
	末											
	斷	3										
下行	連	48		4	49				3			2
	間	14	1		13				1			1
	末	7	1	19	27				1	1		
	斷	8		2								
下跳	連	3			19							
	間	5	1		2							
	末	1	1		1							
	斷	3										

表六十三

關聯＼字數＼腔		單	升	降	峯	谷	倒	搯	疊	擻	頓	豁
同	連	18	1									
	間	7										
	末	3	1									
音	斷	1										
上	連	183	130		4	1			1	1		
	間	30	19	3						2		
	末	46	67		15	5			6	1		
行	斷	3	1		1							
上	連	14	21		2							
	間	10	10		5							
	末	3	7		1							
跳	斷	11			9							2
下	連		13	1	9							
	間	2	5		3							
	末	2	18		6					1		1
行	斷	1	1									
下	連											
	間											
	末		1									
跳	斷	2										

表六十四

字數 關聯 \ 腔		單	升	降	峯	谷	倒	摺	疊	擻	頓	豁
同音	連	95	11		1							1
	間	25	6	1	2							
	末	20	3		2	2						
	斷	5			1							1
上行	連	316	57		6				2	1		
	間	53	15		5							
	末	42	20	3	21	3			3			
	斷	11	2	1	3							
上跳	連	6										
	間	5	1	2	5							
	末		1	2								
	斷	8		1	8							1
下行	連	14	58		20					4		
	間	20	21	3	4							
	末	2	49	1	13	2			1			2
	斷	2			6							
下跳	連	1										
	間	3	1		3							1
	末											
	斷	1	1	1	1							

㊄陰入與陰入相連：表六十五

陰入與陰入相連，可以當作陰平與陰平相連，或陰平與陰入相連，它們的情形都是一樣。同音用得多，陰入與陰入相連的同音數為一八六，占三八四字中的百分之四八。又連的總數為一〇三，上升者六，下降者九七，可見陰入與陰入相連，只宜下降，不宜上升，同音則可。

㊅陰入與陽入相連：表六十六

陰入與陽入相連，可以當作陰平與陽平相連。兩者同是入聲，但因陰陽有別，故同音用得少。此處同音數為十，占二八三字中的百分之三．五。又連的總數為一八三，上升者三，下降者一八〇，可見陰入後的陽入，只宜下降或下跳，同音或上升，均非所宜。

㊆陽入與陰平相連：表六十七

陽入當作陽平處理，則與陰平一陰一陽，一揚一抑，宜少用同音。此處同音為十五，占五九八字中的百分之二．五，比數頗低。又連的總數一八〇，上升者一四〇，下降者四〇，可見陽入後的陰平，宜於上升，亦可下降，同音少用。

表六十五

關聯 \ 字數 \ 腔		單	升	降	峯	谷	倒	摺	疊	擻	頓	豁
同音	連	148			2							
	間	19										
	末	10							1			
	斷	4	1		1							
上行	連	4	1		1							
	間	10	2		2				1			
	末	1	2	1	1							
	斷	1	2									
上跳	連									1		
	間	2	2		1							
	末											
	斷	3			7	1			1			
下行	連	6	68		20							
	間	3	9	2	4				1			
	末		13	2	12				1			2
	斷											
下跳	連		1		2							
	間	2	2									
	末											
	斷	1										

表六十六

關聯 \ 字數 \ 腔		單	升	降	峯	谷	倒	摺	疊	擻	頓	豁
同音	連	7										
	間			1					1			
	末											
	斷				1							
上行	連	2		1								
	間				1							
	末	2			1							
	斷	1										
上跳	連											
	間	2										
	末											
	斷	1			3							
下行	連	102	5	3	44				3			
	間	6		2	5							
	末	11	3	8	24				3	1		
	斷	3		1	3							
下跳	連	4	1		18							
	間	2			3							
	末				1							
	斷	1			2							

表六十七

腔 字數 關聯		單	升	降	峯	谷	倒	摺	疊	擻	頓	豁
同音	連	4	1									
	間	2	2									
	末								1			
	斷	2	2		1							
上行	連	77	56						2			
	間	46	132	3	3	4	1		3	2		
	末	4	51						3			
	斷	5	11	1	1							
上跳	連	3	2									
	間	7	15									
	末		2		1							
	斷	3	9		5							
下行	連	1	35							1		1
	間	5	36		10		6		3	1		
	末	1	14	1	2		1					
	斷		3		1							
下跳	連		2									
	間		3									
	末											
	斷		2		2							

㈥陽入與陽平相連：表六十八

陽入當作陽平處理，則成兩個同調形的兩個字相連，自然可以用同音。此處同音數爲二一七，占六三一字中的百分之三四，比數甚高。又連的總數爲一四七，上升者六九，下降者七八，可見陽入後的陽平，宜升宜降，更宜同音。

㈦陽入與陰上相連：表六十九

陽入當作陽平處理，則與陰上兩個都是上揚的字，可用同音。此處同音數爲五四，占三一五字中的百分之一七。又連的總數爲一一八，上升者六一，下降者五七，可見陽入後的陰上，和陽平後的陰上情形一樣，宜升宜降，亦宜同音。

㈧陽入與陽上相連：表七十

陽入當作陽平處理，則與陽平與陽上相連情形一樣。兩個都是上揚字調，可用同音。此處同音數爲二四，占一七九字中的百分之一三．四，和陽平與陽上相連的同音比一一．二相差無幾。又連的總數八一，上升者四二，下降者三九，可見陽入後的陽上，也是宜升宜降，亦宜同音。

表六十八

關聯 \ 字數 \ 腔		單	升	降	峯	谷	倒	摺	疊	擻	頓	豁
同	連	118	5									
	間	32	36		2					1		
	末	4	5									
音	斷	6	5		1		1			1		
上	連	19	7	34	8							
	間	18	18	17			1					
	末	6	1		12		1					
行	斷		3									
上	連				1							
	間	2	1	1								
	末		3									
跳	斷	1	5		1	1						1
下	連	2	62	1	2		5		2	1		
	間	5	42	1	12		9		1	1		
	末		39	1	16		4		2			
行	斷	1	7		2				1			
下	連		2				1					
	間	5	8				6					
	末		2									
跳	斷		6		3							

表六十九

關聯＼字數＼腔		單	升	降	峯	谷	倒	摺	疊	擻	頓	豁
同音	連	40										
	間	8	1									
	末	1										
	斷		3		1							
上行	連	38	1	20								
	間	13		5								
	末	10		7	5							
	斷	2	1									
上跳	連	2										
	間		2									
	末											
	斷		5									
下行	連	4	25		20		4		1			
	間	6	6	1	8		2					
	末		23	1	18		3					
	斷	1	2									
下跳	連	1	12		1							
	間	1	4				1					
	末	1										
	斷		3		1							

表七十

關聯 \ 字數 \ 腔		單	升	降	峯	谷	倒	摺	疊	擻	頓	豁
同音	連	15										
	間	5										
	末	2										
	斷	2										
上行	連	32	1	7	1				1			
	間	4	1	2								
	末	3		1	3					1		
	斷	1	1		1							1
上跳	連											
	間		2									
	末											
	斷	1	2									
下行	連	1	18		6		3					
	間	1	2	1	4		1					
	末	1	12	1	12		2		1			
	斷		2									
下跳	連		10				1					
	間		5		2		2					
	末				1							
	斷											

㈥陽入與陰去相連：表七十一

陽入當作陽平處理，則陽平與陰去正好相背，自不宜用同音。此處同音數僅三，其二爲斷，連僅一。又連的總數爲一八九，上升者一八五，下降者四，可見陽入後的陰去，無法壓得住的，只有上升或上跳，不宜下降或同音。

㈦陽入與陽去相連：表七十二

陽入當作陽平處理，則陽平是低出上揚，陽去低出上豁；何況後字是陽去，更可以使用同音。此處同音數爲一〇〇，占六三五字中的百分之一五·七，和陽平與陽去相連的同音比——一七相差不多。又連的總數三一八，上升者二九三，下降者二五，可見陽入後的陽去，頗宜上升或上跳，亦宜同音，惟下降不宜。

㈧陽入與陰入相連：表七十三

這和陽平與陰平相連的情形一樣。同音宜少用，此處同音數爲二五，占二三三字中的百分之一。又連的總數爲一一二，上升者八六，下降者二六，可見陽入後的陰入，宜上升，亦可下降，同音則不宜。

表七十一

字數關聯 \ 腔		單	升	降	峯	谷	倒	搯	疊	擻	頓	豁
同音	連	1										
	間											
	末											
	斷	1	1									
上行	連	34	76							1		
	間	16	22		2							
	末	1	42		1							
	斷	1	3									
上跳	連	29	44								1	
	間	22	24						1			
	末	1	10									
	斷	5	10									
下行	連		3				1					
	間		7									
	末		5									
	斷	1	1									
下跳	連											
	間		2									
	末											
	斷		1									

表七十二

腔／字數／關聯		單	升	降	峯	谷	倒	摺	疊	擻	頓	豁
同	連	7	50						1	1		
	間	4	18									
	末	1	16							1		
音	斷								1			
上	連	63	166	1					1			
	間	10	35	2								
	末	12	79						1			
行	斷	4	5		1							
上	連	42	20									
	間	9	10									
	末		3		1							
跳	斷	3	13				1					
下	連		21		1				1			
	間		6									
	末		12		2							
行	斷		1									
下	連		2									
	間		2									
	末		3									
跳	斷		1									

表七十三

關聯＼字數＼腔		單	升	降	峯	谷	倒	摺	疊	擻	頓	豁
同音	連	17	1									
	間	1	1									
	末		1									
	斷	1	2									
上行	連	70	11	1		2			1			
	間	14	14						1			
	末	5	8		1				2	2		
	斷	1	3									
上跳	連	1										
	間	2	4									
	末											
	斷	3	4									
下行	連	1	24		1							
	間		4				2					
	末		18		3					1		
	斷	1										
下跳	連											
	間	1	2									
	末											
	斷											

表七十四

關聯	字數 \ 腔	單	升	降	峯	谷	倒	摺	疊	擻	頓	豁
同音	連	59	1									
	間	8										
	末	2	1									
	斷		1									
上行	連	11	1	14	1							
	間	1		1			1					
	末	2	1	6	3				1	1		
	斷											
上跳	連											
	間											
	末											
	斷											
下行	連		19	1	8		1					1
	間	3	1	1	2							
	末		11		4							
	斷	1			1							
下跳	連		6									
	間		1									1
	末											
	斷	1	1									

(七四)陽入與陽入相連：表七十四

這是兩個字調相同的字連在一起，當然可以用同音。此處同音數爲七二，占一八〇字中的百分之四。又連的總數爲六三，上升者二七，下降者三六，可見陽入後的陽入，宜升宜降，更宜同音。

第二章　襯字——實板曲

襯字這玩意兒，別體所無，「曲」中方有。

北曲板式可增可減，虛字實字都可作襯，而且字數頗多，多到原句字數的好幾倍。《北詞廣正譜》收〈貨郎旦〉的〈九轉貨郎兒〉，其中的〈六轉〉，有好幾句，都是襯字高出原句字數的兩倍。這不算多，《九宮大成譜》收有一支〈雁兒落帶得勝令〉的帶過曲，襯字比正字多四倍有餘；尤其其中的兩二字句，一句襯二十三字，另一句襯二十二字。

南曲板式固定，不可增減或移動，所以襯字只能加於板密處。板疏處若加襯字，自然趕板不及，只好急忙帶過，以致字不成音，所以有「襯不過三」之說。其實不然，《琵琶記》中，襯字過三的，有四十餘句，尤其〈盤夫〉折的〈紅袖襖〉中，比比皆是，而且不止用虛字作襯，也把實字作襯。這究竟不普遍，《荊釵》全劇，襯字都未過三。

第一節　腔的分配

表七十五

腔	字	
單	6031	74 %
升	898	11 %
降	784	9 %
峯	53	0.65%
谷	10	
倒	18	
疊	28	
擻	9	
頓	2	
豁	308	37 %
總數	8141	

襯字都得趕板，所配的腔，只能短而不能長。論腔的短，莫過於單腔，所以用於襯字的腔，自以單腔爲多，八一四一個襯字中，配單腔的有六〇三一字，占百分之七四，他腔莫及也。

升腔居次，凡八九八字；降腔居三，凡七八四字。此二腔可縮短至二音，故可用於襯字。又豁腔凡三〇八字，蓋多單腔加豁，等於二音升腔，故樂用。峯腔以下各腔，由於音數太多，故少用。

第二節　腔的聯絡

腔的聯絡，也同正字一樣，有八八六十四種不同效果的變化，只是尺度放寬些而已，但也有嚴處。

與實板曲八八六十四種變化相較：有陰平陰平，陰平陰入，陰去陽去，陽去陰平，陽去陽去，陰入陰平，陰入陰入等相連，是放寬了些，在正字，這些都只降不升，而在襯字，這些卻可升可降；另陰平陰去，陽平陽去，陰上陰平，陰上陰入，陽上陽去，陰入陽去，陽入陰入，陽入陽入等相連，在正字，則可降可升，而在襯字，則只升不降，這便是襯字的嚴處。

至於同音，以陰陽四聲相同者爲主，其次爲同其四聲，再次爲同其陰陽揚抑，這是用同音的原則。在襯字中，用同音者不多，若陰平陰平相連有九十八字，陽平陽平相連有九十字，陽去陽去相連有六十字，陰入陰入相連有一〇六字，這些是用同音較多的，其他的大都在二十字以下。

第三章　散板曲

散板曲不像襯字，襯字是別體所無，曲中方有。散板曲則北曲有，南曲也有，國劇有，地方戲也有，不止中樂有，恐怕西樂也有。

散板曲的處理，可以說和實板曲差不多，且看：

第一節　腔的分配

表七十六

腔	字
單	4723
	52.6 %
升	1641
	18.2 %
降	1405
	15.7 %
峯	428
	4.7 %
谷	42
	.47 %
倒	95
	1.5 %
疊	56
	.62 %
擻	51
	.57 %
頓	40
	.44 %
豁	498
	5.6 %
總數	8978

散板曲沒有板眼，只在句的最後一字，加一截板，以示這一句的結束，所以可以唱得慢

一點，故此比實板曲更接近字面，是以多用單腔，取其腔短而有力，長腔就用得少了。表七十六中，用單腔的多至四七二三字，占總數八九七八字中的百分之五二・六；升腔與降腔可以用二音的，尚有一千多字，以下諸腔，字數就漸次少了。惟獨豁腔，尚有四九八字，這是去聲的專用腔，即使是單腔，只要加一個豁號上去，便成其豁腔了。

第二節　腔的聯絡

散板曲的二字相連，也有八八六十四種不同效果的變化，與實板曲的六十四種變化相較，小異而已。有陰平陰平、陰平陰入、陰去陰平、陰去陽去、陰去陰入、陽去陰平、陽去陰上、陽去陽去、陽去陰入、陰入陰平、陰入陽平、陰入陽上、陰入陰入等兩字相連：在實板曲，這些都只降不升；在散板曲，則可升可降。另陰平陰去、陽平陽去、陰上陰入、陽上陽去、陽上陰入、陽上陽入、陰入陽去、陽入陰入等兩字相連：在實板曲，可升可降；在散板曲，則只升不降了。又陽上陰平相連，實板曲爲升，散板曲可升可降。

至於同音，還是以陰陽四聲均相同者爲主，其次爲同其四聲，再次爲同其陰陽揚抑，這是原則，放諸天下而皆準。

第四章　結　論

崑腔譜法，歷來皆師徒相授，未有專書。自乾嘉以後，崑腔式微，譜法就失傳了。吳梅說：「據舊律以諧新聲，瞻望南北，僅有數人。」民初如此，今則更無論矣。

崑腔始於明嘉靖年間，之後不久，北曲音讀就有了訛誤，南曲也有吳音浙音之異，而相譏詆。若僅憑鼓舌搖唇所得的字音與樂音的關係，恐怕不大靠得住，所以改用數據，得出崑腔譜法的概略，但疏陋難免！

參考書目

集成曲譜　王季烈、劉富樑合撰　古亭書屋
納書楹曲譜　清・葉　堂
曲律　明・魏良輔
樂府傳聲　清・徐大椿
度曲須知　明・沈寵綏
笠翁劇論　清・李　漁
曲律　明・王驥德
中州全韻　明・范善臻
曲律　清・周　昂
韻學驪珠　清・沈乘麐
顧曲麈誤　吳　梅
語言與音樂　楊蔭瀏
北曲譜法　曾達聰